ACCESO GRATIS *a la Lectura en la Nube*

Para visualizar el libro electrónico en la nube de lectura envíe junto a su nombre y apellidos una fotografía del código de barras situado en la contraportada del libro y otra del ticket de compra a la dirección:

ebooktirant@tirant.com

En un máximo de 72 horas laborales le enviaremos el código de acceso con sus instrucciones.

LECCIONES DE DERECHO SUCESORIO

LA LEGÍTIMA SOLIDARIA

LECCIONES DE DERECHO SUCESORIO

LA LEGÍTIMA SOLIDARIA

Benjamín Julio Aguilar Llanos

tirant lo blanch
Lima, 2026

En caso de erratas y actualizaciones, la Editorial Tirant lo Blanch publicará la pertinente corrección en la página web www.tirant.com.

EDITA: TIRANT LO BLANCH
C/ Artes Gráficas, 14 - 46010 - Valencia
TELFS.: 96/361 00 48 - 50
FAX: 96/369 41 51
Email:tlb@tirant.com
www.tirant.com
Librería virtual: www.tirant.es
ISBN: 979-13-7021-943-7
MAQUETA: Disset Ediciones

Si tiene alguna queja o sugerencia, envíenos un mail a: *atencioncliente@tirant.com*. En caso de no ser atendida su sugerencia, por favor, lea en *www.tirant.net/index.php/empresa/politicas-de-empresa* nuestro procedimiento de quejas.

Responsabilidad Social Corporativa: http://www.tirant.net/Docs/RSCTirant.pdf

Dedicatoria

EN ESTE TEXTO DE LECCIONES SOBRE TEMAS DE SUCESIONES TRATAREMOS SOBRE LA LEGÍTIMA SOLIDARIA, INSTITUCIÓN NETAMENTE FAMILIAR Y, EN RAZÓN DE ELLO, LO DEDICO RECORDANDO A MIS SERES QUERIDOS QUE YA NO ESTÁN: EN PRIMER LUGAR MIS PADRES, ENRIQUE Y FELICITA; LUEGO A MIS HERMANOS MARÍA, ZOILA, TITO Y RICARDO. Y TAMBIÉN A LOS QUE AÚN ME ACOMPAÑAN, JOSÉ, ADOLFO Y FERNANDO. EL RECUERDO DE LOS IDOS Y LA ALEGRÍA DE LOS QUE ESTÁN PRESENTES.

Índice

PRESENTACIÓN 13

INTRODUCCIÓN 17

CAPÍTULO I HISTORIA DE LA LEGÍTIMA Y SU PRESENCIA EN LA LEGISLACIÓN PERUANA Y LATINOAMERICANA 21

1.1. LOS ORÍGENES DE LA LEGÍTIMA: ROMA Y EL DERECHO GERMANO . 21

1.2. LA LEGISLACIÓN PERUANA: LA LEGÍTIMA EN LOS CÓDIGOS CIVILES DE 1852, 1936 Y 1984 25

1.2.1. La legítima en el Código Civil de 1852 25

a) La porción legitimaria 26

b) El régimen de mejoras 29

1.2.2. La legítima en el Código Civil de 1936 29

a) Las cuotas legitimarias 31

b) El régimen de mejoras 33

1.2.3. Legítima en el Código Civil de 1984 34

1.2.4. La regulación de la legítima en el Derecho comparado 37

1.2.4.1. Legislaciones centroamericanas que no regulan la legítima 37

1.2.4.2. Legislaciones sudamericanas que regulan la legítima . 38

CAPÍTULO II LA LEGÍTIMA Y LOS HEREDEROS FORZOSOS 41

2.1. SOBRE EL TÉRMINO "LEGÍTIMA" 41

2.2. LEGÍTIMA EN SEDE TESTAMENTARIA E INTESTADA 42

2.3. HEREDEROS FORZOSOS 43

2.4. LEGÍTIMA DEL CÓNYUGE, INDEPENDIENTE DE SUS GANANCIALES . 44

2.5. CUOTAS IGUALES EN LEGITIMARIOS Y HEREDEROS LEGALES 47

2.6. DERECHO DE HABITACIÓN DEL CÓNYUGE SUPÉRSTITE, COMO PARTE INTEGRANTE DE LA LEGÍTIMA. 48

CAPÍTULO III DEBATE DOCTRINAL SOBRE LA NATURALEZA JURÍDICA DE LA LEGÍTIMA 51

3.1. PLANTEAMIENTO DEL PROBLEMA 51

3.2. LEGÍTIMA PARS HEREDITATIS O PARS BONORUM 52

3.3. LEGÍTIMA PARS HEREDITATIS 54

3.4. LEGÍTIMA PARS BONORUM 55

3.5. CRÍTICA A LA LEGÍTIMA PARS BONORUM 56

3.6. LA LEGÍTIMA Y LAS NORMAS DE ORDEN PÚBLICO 67

3.7. LA INSTITUCIÓN DE LA COLACIÓN Y LA LEGÍTIMA 69

3.8. CARACTERÍSTICAS DIFERENCIADAS DE LA LEGÍTIMA PARS HEREDITATIS Y PARS BONORUM. 70

CAPÍTULO IV DEBATE SOBRE LA SUPRESIÓN O MANTENIMIENTO DE LA LEGÍTIMA 73

4.1. PRELIMINARES 73

4.2. LEGÍTIMA EN SEDE TESTAMENTARIA E INTESTADA 75

4.3. TESIS QUE ABOGAN POR LA SUPRESIÓN DE LA LEGÍTIMA 77

4.3.1. La legítima atenta contra los derechos de la persona 79

4.3.2. La legítima como freno al comercio 84

4.3.3. Institución que no tiene justificación social 86

4.3.4. No cumple el fin que supuestamente justifica su existencia 88

4.4. TESIS QUE ABOGAN POR LA PERMANENCIA DE LA LEGÍTIMA 91

4.4.1. El fortalecimiento de la familia 92

4.4.2. Defensa intergeneracional 96

4.4.3. Copropiedad familiar 99

4.4.4. Los alimentos como soporte de la legítima 99

CAPÍTULO V DE LA LEGÍTIMA SOLIDARIA 103

5.1. ANTECEDENTES 103

5.2. RESUMEN DE LAS POSICIONES A FAVOR DE LA LEGÍTIMA 104

5.3. LOS ALIMENTOS COMO FUNDAMENTO DE LA LEGÍTIMA 109
5.4. NUESTRA POSICIÓN SOBRE LA LEGÍTIMA Y EL DERECHO A LA LIBERTAD 111

CAPÍTULO VI 115
6.1. HACIA UNA LEGÍTIMA SOLIDARIA 115
6.2. PAUTAS DE LA LEGÍTIMA SOLIDARIA 117
6.3. LEGITIMARIOS 118
6.4. CUOTA LEGITIMARIA 119
6.5. LA LEGÍTIMA EN LA SUCESIÓN TESTAMENTARIA 119
6.6. LA LEGÍTIMA EN LA SUCESIÓN INTESTADA 120
6.7. EL DERECHO DE HABITACIÓN DEL CÓNYUGE SUPÉRSTITE O SOBREVIVIENTE DE LA UNIÓN DE HECHO 121
6.8. PROPUESTA LEGAL DE LA LEGÍTIMA SOLIDARIA 122

BIBLIOGRAFÍA 125

ANEXOS 131

Presentación

El tema sucesorio descansa básicamente en el Derecho de familia, por ello no llama la atención que casi todas las instituciones del Derecho sucesorio terminen siendo familiares, verbigracia, la sucesión intestada, basada en la ley que sobre las disposiciones del parentesco determina quienes son los parientes del causante que terminan heredándolo; empero como dentro de esos herederos, aparece el cónyuge del causante, o si fuera el caso el sobreviviente de la unión de hecho, éstos basan su derecho a ser herederos, no en el parentesco, sino en el matrimonio o si fuera el caso, en la unión de hecho, ambas como fuente de familia, son generadoras de derechos y deberes, y dentro de los derechos está la herencia.

En el caso de la unión de hecho con la aparición de la Ley N° 30007 promulgada el 16 de abril del 2013, se generan derechos hereditarios entre los concubinos regulares; llamados así porque están debidamente inscritos en el Registro de Uniones de Hecho que lleva la Superintendencia Nacional de Registros Públicos (SUNARP).

Otra institución del Derecho sucesorio que descansa en el Derecho de familia, es la representación sucesoria, que es una forma indirecta de heredar al causante; en este caso los nietos del causante ocupan el lugar y grado del hijo del causante. El cual es inhábil, por premoriencia, indigno, desheredado o ha renunciado a la herencia; en esta situación esos nietos ocupan el lugar del inhábil y reciben la herencia que a él le hubiera correspondido. Es una institución netamente familiar, en tanto que los llamados representantes, en línea recta, tienen que ser descendientes del causante, y en la línea colateral, ser sobrinos del causante.

Se suma a esta institución la legítima, en razón de que los legitimarios son familiares del causante, sea por el parentesco, así los descendientes y en defecto de ellos los ascendientes, y si se trata de la cónyuge, respaldada por una institución familiar como el matrimonio, y ahora el sobreviviente de la unión de la unión de hecho, proveniente de un concubinato regular.

Entonces no debemos tener dudas acerca de la base familiar en que descansa la institución de la legítima, por ello y porque la Constitución peruana en su artículo cuarto establece la obligación del Estado de proteger a la familia, y ésta es una institución básica de toda sociedad, convierte a las normas que la regulan, en normas obligatorias es decir son de orden público, por ello, la normas que gobiernan la legítima, tienen esa característica.

Esta institución legitimaria por muchos siglos desde su aparición en la lejana Roma y en Germania, tuvo respaldo legal, y no conocemos posiciones que hayan estado contradiciendo la existencia de la legítima, o alegando que ésta pueda aplicarse a personas ajenas al entorno familiar del causante, empero, ahora último surgen algunas voces discrepantes con su existencia, considerando fácilmente prescindible la legítima, en tanto que no tendría una razón social que la respalde y porque terminarían violentando normas constitucionales, además que sería un obstáculo para el comercio; por otro lado, afirmando que los legitimarios no necesariamente son herederos.

En el presente, nuestra legislación regula la institución de la legítima sucesoria, como la obligación de una persona de no disponer libremente de su patrimonio si es que tiene herederos forzosos; en otros términos reservar una parte de su patrimonio, con la finalidad de destinarla a sus familiares cuando se abra su sucesión.

La ley establece una obligación que previene al futuro causante sobre la disposición de una parte de su patrimonio a título de liberalidad, y a la vez se genera una expectativa de derecho a favor de los familiares cercanos del futuro causante, derecho que consiste en participar de la sucesión del causante, cuando éste lo sea.

La institución de la legítima sucesoria persigue dar un soporte económico que debe tener toda institución familiar, para poder desarrollarse y a la vez que sus integrantes que la componen puedan desarrollarse integralmente.

Como ya se ha mencionado, por mucho tiempo, desde sus orígenes en Roma y Germania hasta fines del siglo pasado, la legítima no era cuestionada e incluso al abrirse la sucesión, la participación de los descendientes del causante en el patrimonio de sus padres, se aceptaba como una suerte de derecho natural.

Sin embargo, en el presente, la legítima está siendo cuestionada por razones de orden constitucional, en tanto se dice que violentaría el derecho a la libertad de las personas y, en particular, el derecho a la propiedad. Además, se señala que no estaría cumpliendo con su fin de atender a los parientes necesitados del causante, y por ello no dudan en sugerir su supresión en la legislación, y más bien, reforzar el derecho de alimentos, que es un derecho humano, de urgencia y emergencia.

El autor del presente texto no está de acuerdo con suprimirla y más bien propone mantener la legítima, pero con cambios sustantivos que conduzcan a proteger a las personas dependientes del causante, y que a la muerte de éste, sigan en situación de vulnerabilidad. La razón de ser de la legítima debe descansar en un deber de solidaridad familiar, que permita a las personas pertenecientes al entorno del causante y dependientes de él, seguir gozando de protección luego de su muerte a través del patrimonio dejado.

Esta institución, que en el presente se denomina "legítima" y es tratada en el libro de Derecho sucesorio, debería ser denominada para el autor de este texto como, "Legitima Solidaria" y descansar en el interés familiar, que no es algo indeterminado ni gaseoso, sino real y se traduce en normas del Derecho de familia, reiterando que es esta disciplina jurídica, la que le da sustento a la institución.

La presente investigación que da lugar al texto, busca analizar el origen de la legítima, su desarrollo y las corrientes que explican su supervivencia o supresión. Para ello, se cotejan las diversas opiniones sobre la institución en contraste con su funcionamiento en la realidad peruana.

Esta polémica se desarrollará a lo largo de cinco capítulos. El primer capítulo analiza los orígenes de la legítima, su aparición en la legislación peruana y su regulación en el derecho comparado. El segundo capítulo versa sobre la actual regulación de la legítima en el Código Civil vigente, y las críticas que se hacen al respecto. El tercer capítulo sobre la situación actual del debate doctrinal de la legítima. El cuarto capítulo sobre las posturas en favor de mantenerla y las que abogan por su supresión. Finalmente, el quinto capítulo presenta nuestra posición sobre cómo debe entenderse y regularse en el ordenamiento peruano; aquí planteamos una legítima solidaria, sobre la base de los legitimarios auténticos y por ende con derecho a recibirlas.

Introducción

El Derecho sucesorio cobija a la legítima, una institución que en el presente se encuentra muy cuestionada y que por lo tanto merece ser investigada para comprobar su utilidad o no.

El término usado para designarla dista mucho de lo que efectivamente es; uno podría pensar que legítima está referida a un tema conforme a derecho, o una cosa conforme a su esencia, empero este texto analiza la institución de la legítima sucesoria referida al patrimonio de una persona que, obligada por ley, debe reservar una parte de su patrimonio cuando tiene herederos forzosos; y esta reserva implicaría la prevención de que no se desprenda a título de liberalidad de una parte del conjunto de bienes y derechos, cuando existan los llamados herederos forzosos del futuro causante.

Significa que la mayor parte de la masa hereditaria, se reserva para los familiares que poseen la categoría de herederos legitimarios o forzosos. Además, esta institución tiene amparo familiar, porque sólo se otorga en favor de los familiares cercanos al causante, para protegerlos mediante la reserva de esa parte del patrimonio. A ello se añade que este derecho es una concesión de la ley, porque responde al esfuerzo de los integrantes del grupo familiar, dentro de los cuales se encuentra el futuro causante; todos ellos participando en la formación del patrimonio. Se trataría de una suerte de patrimonio de la familia, y decimos así, porque a lo largo del texto analizaremos si en puridad, es una copropiedad familiar.

La legítima no es una institución universal, hay países en buen número que no la consideran en su legislación, por ejemplo en varios Estados de EE. UU., no rige, y en unos pocos si lo consideran. En los países que conforman la *common law*, Inglaterra, Escocia. Gales, Irlanda, tampoco la legislan, y en Centro América, países como México, Costa Rica, El Salvador, Guatemala, entre otros, tampoco la legislan. En nuestra región, todos los países la tienen en sus códigos, con ciertas diferencias, sobre todo las cuotas legitimarias, pero no dejan de considerarlas.

En los países que no regulan la legítima, hay libertad irrestricta de testar, esto es, que las personas pueden por testamento disponer libremente de su patrimonio como mejor les parezca; en cuanto a los países centro americanos que hemos mencionado, si bien es cierto no regulan la legítima, pero si dejan asegurado los alimentos de los dependientes del causante, que seguirán gozando de estos derechos luego de la muerte del causante. Se trataría de una forma de legítima pero con el nombre de alimentos.

Entonces hay argumentos para estar a favor de la legítima, como también los hay para no legislarlo, y por ello, aquí en Perú, toma fuerza la corriente que pretende suprimirla; entendemos a estos últimos porque su liberalidad económica se ve obstaculizada con la presencia de la legítima, tema que más adelante desarrollaremos.

Por todo ello, el texto que se propone trata de recoger estas divergentes opiniones y como no, si optamos por la legítima, lo hacemos en función de que ésta debe ser replanteada para hacerla concordante con la realidad que vivimos, pues los tiempos han cambiado y con ello, algunas instituciones se han quedado desfasadas, como ocurre con la legítima, que tal como está regulada en el vigente Código Civil de 1984 no ofrece garantías para que cumpla el rol social que siempre debe de tener, y ello en función de la familia, para estar acorde con la Constitución peruana ya mencionada, aludiendo al deber del Estado de proteger la familia, y nosotros creemos que la legítima está en esa línea.

La legítima, dentro del concepto de interés familiar, también implica restringir facultades dominales al propietario de los bienes o derechos, tanto en el acto testamentario como en la sucesión intestada.

En el primer caso, sede testamentaria, el propietario no puede ejercer las atribuciones que le otorga la propiedad a cabalidad, a pesar de ser el titular y estar facultado constitucional y legalmente para ello. La ley le impone una conducta que no necesariamente comparte y lo obliga a actuar en un sentido determinado. La sucesión está relacionada con el derecho de toda persona a expresar su última voluntad a través del testamento, y a disponer de los bienes y derechos para después de su muerte. Sin embargo, la legítima termina restringiendo el derecho de testar, ya que la existencia de herederos forzosos, obliga al testador a considerarlos como beneficiarios del patrimonio.

Los partidarios de la supresión de la legítima dicen que es una institución que termina violentando derechos fundamentales, como la libertad y la propiedad. El causante en vida está prevenido de que no puede disponer de todo su patrimonio a título de liberalidad, sino solo de una parte. Ello porque la ley reserva gran parte de éste en favor de los legitimarios, pero ello no implica que esa parte del patrimonio se mantenga congelado, sino que está a disposición de su titular para actuar sobre él, empero conociendo que existe una norma que le previene reservar una parte de su patrimonio ante la existencia de herederos forzosos.

En sede testamentaria si no se considera dentro del testamento a los llamados herederos forzosos, estaríamos incurriendo en la preterición, y el remedio jurídico lo encontramos en los artículos 806 y 807 del Código Civil, que nos conduce a impugnar el testamento para respetar la legítima, y entregar sus cuotas hereditarias a los herederos forzosos que no fueron instituidos dentro del testamento o si lo fueron, pero con cuotas menores a los que la ley señala, más aún cuando se trata de normas de orden público.

En el segundo caso, es decir en sede intestada, si la norma legitimaria no se respeta, cualquier exceso en la liberalidad que haya otorgado el futuro causante es inválido (Código Civil, 1984, art. 1629). En este caso posibilita que el sucesor solicite la reducción de esa liberalidad con la finalidad de recibir su porción legitimaria intacta, acto que debe hacerse una vez abierto la sucesión, momento en el cual se conocerá si el causante se excedió o no al hacer la liberalidad.

Si bien la legítima es una institución del Derecho sucesorio, su razón de ser radica en el Derecho de familia, donde cumple un rol protector al recortar el derecho de disposición mediante la restricción de las liberalidades, precisamente para ayudar a solventar las necesidades de todo hogar, sobre todo de los que menos tienen.

Sin embargo, la legítima no tiene ese rol cuando se trata de la disposición de bienes a título oneroso, en ese caso no opera la institución. Se entiende ello, en tanto que en una liberalidad sale un bien del patrimonio del que lo otorga y no regresa nada, es decir se empobrece; por otro lado ingresa en el patrimonio del beneficiado esa liberalidad, pero este no está obligado a contraprestación alguna, es decir se enriquece. Empero en una operación onerosa, sucede todo lo contrario, sale un bien del patrimonio, e ingresa el precio del bien, con lo cual no se perjudica en nada.

Las disposiciones de la legítima, y la institución misma, genera distintas posiciones sobre su utilidad. Por un lado, existen corrientes en favor de mantenerla para proteger a la familia, función que compete al Estado (Constitución 1993, art 4), pero con cambios sustantivos para que cumpla sus objetivos y no termine distorsionada.

Por otro lado, se propugna su supresión porque atentaría contra derechos fundamentales, contraviniendo su rol protector. Por otro lado, ocurre que no existe un solo tipo de familia, sino distintas formas de fundar familias, y algunas de ellas están conformadas por personas vinculadas voluntariamente sin relación de parentesco.

El Tribunal Constitucional de Colombia, en el expediente 070-2015 (2015), da cuenta de ese tipo de familia particular. Además, señala que la legítima no cumple su cometido de asistencia cuando se trata de los descendientes mayores de edad y con patrimonio suficiente (citado por Colmenares, 2017, p. 25).

Se pretende a través del presente texto, aclarar las posiciones de aquellos que sostienen que se debe prescindir de la institución, así como los que sostienen que debe permanecer, empero con cambios sustantivos que respondan a la realidad que se vive en el presente; en otros términos que la legítima responda a los fines que persigue.

CAPÍTULO I

Historia de la legítima y su presencia en la legislación peruana y latinoamericana

Las diversas fuentes consultadas tienen divergencias respecto de la aparición de la legítima. Algunas señalan que esta se produjo a partir de la querella de inoficiosidad del testamento. Otras consideran que tuvo lugar en la cuarta falcidia, cuya autoría fue del pretor Falcidius. Lo cierto es que, como veremos en el presente capítulo, el origen de la legítima es poco claro, pero en lo que no hay duda es la ubicación de la legítima, relacionándola con la institución familiar.

1.1. LOS ORÍGENES DE LA LEGÍTIMA: ROMA Y EL DERECHO GERMANO

En los orígenes del pueblo romano, la familia era gobernada por el *pater familias,* quien gozaba de poderes omnímodos absolutos, incluso sobre la vida de sus hijos. Al respecto, Aliaga refiere que el poder de este no era tanto patrimonial, sino doméstico. Además, como no existía propiedad privada individual, la muerte del *pater familias* era irrelevante para efectos jurídicos y no había sucesión en los bienes, sino en el cargo que era asumido por el hijo primogénito. En otras palabras, solo se producía un cambio en la titularidad del poder social, religioso y político (2007, p. 24).

El autor Aliaga señala que, desde la segunda etapa del derecho romano hasta fines de la república, el *pater familia* seguía conservando la potestad absoluta sobre la vida y la administración de los bienes de su familia. Esto implicaba que también se producía la sucesión en los bienes (2007, p. 26). Sin embargo, el autor no aclara en qué momento se produce la transición hacia esta sucesión, pues, según sus propios términos, la muerte del *pater familias* únicamente tenía implicancias en cuanto a la sucesión en el cargo. La explicación podría ser que el *pater familias* no solo tenía poderes absolutos sobre los integrantes del grupo familiar, sino todos los poderes que ello implicaba: religiosos (dirigía el culto), sociales (representaba a la familia ante los demás) y además los administrativos (de los bienes que existían en el ámbito familiar). En el mismo sentido, García Calderón afirma que "[...] las leyes romanas dieron en un principio tanta autoridad a los padres, que no solo le concedieron el derecho de disponer libremente de sus bienes, excluyendo de ellos a sus hijos, sino también el derecho de vida o muerte sobre los mismos [...]" (1879, p 1243).

El autor Fernández Arce también alude a las amplias potestades del *pater familias* que se extendían hasta después de su muerte, pues el testador no tenía restricciones en el derecho romano primitivo ("hable el testador y su palabra será cumplida"). El autor precisa que el causante podía disponer de sus bienes *mortis causa* con la misma libertad que disfrutaba en vida, "[a]sí lo establecía una disposición de la ley de las XII tablas: *uti legassi pater familias super pecuria tutelare rei sue, itajus esto"*, significando "lo que el padre de familia manda en su testamento acerca de sus bienes y de la tutela de los suyos, que se cumpla" (2003, p. 572-573). Los autores Colin y Capitant (1927) refieren que el *pater familias*, como titular de la patria potestad, tenía derecho a disponer de su patrimonio según su arbitrio y discrecionalidad, y a enajenarlo a título gratuito en vida o para después de su muerte. Por ello, la noción de la legítima fue extraña en Roma por muchos siglos (citado por Aliaga, 2007, p. 41).

El origen y finalidad de la legítima en el derecho romano primitivo son abordados por Roca Sastre (1927), quien refiere que:

> [...] la legítima romana surgió como freno y resorte moderador ante insólitos de que algunos testadores, usando abusivamente de tal libertad, instituyeron herederos a extraños sin dejar cosa alguna a las personas más allegadas, faltando con ello a los deberes de asistencia que incumben a los próximos parientes entre sí, (officium pietatis) en cuyo caso se fingía o presumía iures et de iures que tal testador se había producido sin el cabal juicio, quedando rescindido el testamento y abriéndose la sucesión intestada (citado también por Aliaga, 2005, p. 28).

En el siglo III, ya se conocía la institución de la querella de inoficiosidad, que es el antecedente más remoto de la legítima (Zambrano, 1984, p. 241). Según Aliaga, el testamento que no favorecía o lo hacía en una ínfima parte a los parientes más cercanos del testador, era considerado inoficioso o contrario a la piedad. Por ende, el acto era factible de impugnación a través de la acción llamada querella *inofficiosi testamenti* (2005, p. 28). Según la mayoría de los autores (Fernández Arce, 2003;

Capilla, López, Roca, Valpuesta & Montés, 1992, citados por Aliaga, 2005, p. 31), esta dio lugar a la legítima.

La porción legitimaria del derecho romano difería de la reserva hereditaria, del derecho germánico, a pesar de que ambas aluden a una porción intangible del patrimonio. Según Aliaga, para el derecho romano, la legítima se concebía como un derecho de los herederos forzosos, para quienes se fijaba una cuota o porción hereditaria. Mientras, en el derecho germánico, donde la propiedad era compartida por los integrantes de un grupo familiar, se reconocía una reserva del patrimonio común que era predeterminada en favor de los demás miembros de la familia (2007). El autor también señala que esta figura era un instrumento de racionalización de la absoluta indisponibilidad *mortis causa* de los bienes, debido a que imperaba un rígido régimen de copropiedad familiar.

La reserva nació cuando la sucesión testamentaria fue admitida bajo la influencia del derecho romano para preservar los bienes en la esfera del clan familiar (Aliaga, 2005, p. 43). Adicionalmente, Roca Sastre (1995) describe las diferencias entre una y otra figura: "Podemos decir por tanto que mientras las leyes romanas fijaban una cuota que el testador, no obstante la libertad de testar tenía obligación de dejar a los legitimarios, las leyes bárbaras tendían, por el contrario, a fijar la cuota del patrimonio familiar de que el padre era autorizado a disponer, en ventaja de los terceros no obstante que el patrimonio perteneciese a la familia" (citado por Aliaga, 2005, p. 45).

Lo cierto es que no hay claridad sobre los orígenes de la legítima. Como señala Colmenares (2005), en una primera etapa, los romanos de la República tendían a la austeridad y la protección de riqueza acumulada. Sin embargo, en las postrimerías de la República, el siglo II antes de Cristo, la finalización de las guerras púnicas favoreció el dispendio del patrimonio que había sido mermado por la gran cantidad de recursos económicos y humanos destinados a la guerra. En este contexto, fue imperioso proscribir algunos aspectos de las liberalidades a fin de proteger a las familias romanas. El autor explica que estas limitaciones atendían a problemas coyunturales sociales y económicos, y requerían respuestas jurídicas. Así nace la legítima, como restricción al *pater familia* respecto de la disponibilidad del patrimonio. El autor Pasquale (1985) señala lo siguiente:

> [a] partir de finales del siglo III antes de Cristo, sin embargo comenzaron a aparecer una serie de normas que tendieron a restringir la voluntad del testador, debido a la imperiosa necesidad de evitar, por un lado, las disipaciones del patrimonio familiar por parte del paterfamilias, indiferentemente de si el negocio utilizado era inter vivos o mortis causa, y por otro, que las disposiciones insertadas en el testamento dejaran a aquellos considerados legitimarios sin haber patrimonial con que subsistir (citado por Colmenares, 2005, p. 14).

Por su parte, Zannoni alude a la ley falcidia como el origen de la legítima. Esa institución establecía que un cuarto del haber hereditario debía corresponder a los herederos *ab intestato*, lo cual implicaba una reducción proporcional de los legados, si el testador no hubiese respetado ese mínimo.

La ley falcidia o cuarta falcidia (como se le conoce ahora) alude al nombre del que presuntamente fue su autor, el pretor Falcidius. Se trata de una institución creada con el único propósito de incentivar a los herederos a no renunciar a su herencia cuando eran llamados con cuotas reducidas que no resultaban interesantes. En esa situación, ellos repudiaban la herencia y cuando no existían herederos (en este caso por renuncia a la herencia) el testamento caducaba. Por ello, al heredero bajo esta ley, se le garantizaba que, en el peor de los casos, recibiría un cuarto de la herencia; este aceptaba y el testamento podía ser ejecutado (1983, p. 169 y 170). En el presente, han desaparecido las coyunturas que favorecieron el nacimiento de la legítima como una forma de proteger a la familia. Si por una ley se creó la legítima, por otra ley se puede derogar (Colmenares, 2005).

En las afirmaciones de los autores citados, podemos observar que no se logra explicar cuándo y cómo se produjo el tránsito de la libertad irrestricta de testar, en la primera época de la República de Roma, a la restricción que impone la legítima. No obstante, la mayoría de ellos explican la existencia de la legítima en la acción denominada querella de inoficiosidad del testamento.

Sin embargo, lo que si resulta claro, es que la legítima, cualquiera que fuere su origen, siempre estará presente la familia, en consecuencia, desde nuestro punto de vista, ante cualquier discusión sobre su naturaleza, no puede estar ausente el concepto de familia, como institución, como por ejemplo, en aquellas remotas épocas romanas o germanas, lo eran los descendientes del causante a quienes se debía proteger, y una de esas formas era precisamente la legítima. Repárese que en esas épocas solo eran legitimarios, los descendientes del causante.

1.2. LA LEGISLACIÓN PERUANA: LA LEGÍTIMA EN LOS CÓDIGOS CIVILES DE 1852, 1936 Y 1984

En esta parte, realizaremos un breve recorrido histórico de la legítima en los diferentes códigos civiles que ha tenido el país. Antes de la expedición del Código Civil de 1852, existió el Código de Santa Cruz de 1836 por breve tiempo y dos proyectos de códigos civiles, el Proyecto de Código Civil peruano de Manuel Lorenzo de Vidaurre y el de Ramón Castilla. No obstante, consideramos que el primer código republicano del Perú es el de 1852 porque fue expedido en el gobierno constitucional de José Rufino y Echenique. Este código tuvo una larga vida, pues estuvo vigente desde el 28 de julio de 1852 hasta el 14 de noviembre de 1936. En esa fecha, entró en vigencia el Código Civil de 1936 que se prolongó hasta el 14 de noviembre de 1984, cuando entró en vigencia el actual Código Civil.

1.2.1. La legítima en el Código Civil de 1852

El Código Civil de 1852 recibió las influencias del Código Civil francés, del derecho español, del Código Canónico, y, en particular, de las leyes del fuero viejo, el fuero real y las partidas. Así, la legítima sucesoria, institución enraizada en el pueblo español, pasó al Perú y quedó plasmada en el Código Civil de 1852. Se instauró la regla numérica de los cuatro quintos como legítima y solo un quinto como porción disponible para el testador.

El Código de 1852 se dividió en un título preliminar que aborda de las leyes en general y tres libros. El primer libro se refiere a las personas y sus derechos; el segundo trata de las cosas, el modo de adquirirlas y los derechos que las personas tienen sobre ellos; y el tercero está dedicado a las obligaciones y contratos.

No existió un libro dedicado a las sucesiones o a la herencia. Todo lo concerniente a la transmisión del patrimonio por causa de muerte, estuvo regulado en el título sobre los modos de adquirir la propiedad, tratado en el segundo libro. En él se disponía que los bienes y derechos que pertenecieron al causante, quien por su deceso dejó de ser sujeto de derecho, se transmiten a los sucesores porque el patrimonio no se extingue con su muerte; razones no les faltaba a los legisladores de esa época, por cuanto una de las formas de adquirir propiedad es precisamente la herencia.

Posteriormente, a partir del Código Civil de 1936, la sucesión tuvo autonomía y se reguló como un libro más del Código Civil, aun cuando debemos reconocer que este libro llamado de sucesiones, conserva una estrecha relación con los otros libros, como el de Personas, Familia, Obligaciones, Reales, Registral entre otros..

Retomando el Código Civil de 1852 debemos enfatizar la predominancia de la teoría *pars hereditatis,* esto es, destinada a los herederos forzosos por ley, basándose en el parentesco que unía a los sucesores con el causante. Además, debido a la influencia del derecho castellano, en especial de la figura de las partidas, el Código estableció la cuota legitimaria de los descendientes en cuatro quintos del patrimonio y reservó un quinto, al que podríamos llamar la cuota de libre disposición o porción disponible en los términos del código actual. Para analizar la legítima sucesoria, regulada en los diferentes artículos del libro segundo del Código Civil de 1852, seguiremos el diccionario jurídico de García Calderón (1879, p. 1243- 1244).

a) La porción legitimaria

Según García Calderón, los padres y ascendientes con hijos, o descendientes legítimos o adoptivos, sólo podían disponer libremente hasta de un quinto de sus bienes en favor de sus descendientes, deudos o extraños (Código Civil, 1852, art. 696). En el caso de los descendientes, la porción legitimaria se reguló en cuatro quintos del patrimonio en favor de los hijos legítimos (1879, p. 1243). En la época en que regía el Código, los hijos de relaciones extramatrimoniales no tenían los mismos derechos que los nacidos dentro de un matrimonio.

Los primeros se denominaban ilegítimos o naturales, y los segundos, legítimos. Estos últimos comprendían al hijo adoptado plenamente, que era equiparado al hijo matrimonial (la adopción semiplena solo generaba derechos de alimentos). En cuanto a los ascendientes, el autor García Calderón señala que los padres naturales (extramatrimoniales), también poseían el quinto del patrimonio como cuota libre cuando tenían hijos naturales o ilegítimos (artículo 698). Si el padre matrimonial tenía hijos legítimos y naturales, la herencia se dividía en treinta partes, de las cuales, veintinueve eran para los hijos y una quedaba a la libre disposición del padre (1879, p. 1243).

La cuota de libre disposición, es decir, el quinto del patrimonio, solo era afectada si existían herederos forzosos, pero era menester emplearla en favor de hijos naturales o ilegítimos, o de otros descendientes alimentarios. En estos casos, solo podía gravarse el quinto con "mandas" que no excedieran su sexta parte (artículo 700).

La "manda" era la cantidad de dinero para atender los alimentos de una persona. Esta disposición puede considerarse el antecedente del hijo alimentista, regulada en el artículo 415 del actual Código Civil (1984). Se obliga al varón que tuvo trato íntimo con una mujer y como consecuencia de ello tuvo un hijo, a la entrega de alimentos. Esto también es regulado en el Derecho sucesorio actual, en los artículos 415, 417, 728 y 874 del Código Civil de 1984, empero la base para obligar a un varón a pagar alimentos a un menor, era la presunción de paternidad, por cuanto estaba probado la relación íntima entre él y la madre que lo alumbró, entonces es una relación de presunto padre y presunto hijo, pero no hay relación paterno filial legal, por ello, el mal llamado hijo alimentista no hereda, sin embargo lo vemos participando del libro de sucesiones y familia, en función de garantizar los alimentos que se les debe, cuando aquél que lo alimentaba, fallece. El llamado hijo alimentista está regulado en el libro de familia, en el artículo 415.

Siguiendo con el Código Civil de 1852, los hijos podían ser privados de su legítima en todo o en parte. En todo, a través de la desheredación y, en parte, porque su legítima podía ser afectada a través de la mejora, que incrementa el tercio a los otros hijos. La institución de la mejora equivalía a otorgar una parte de la legítima a uno de los herederos forzosos. Este era beneficiado porque se adicionaba otra parte concedida por el testador a su cuota de ley. La única limitación era que el mejorado no podía pasar del doble de la legítima del no mejorado. De este modo, la mejora terminaba afectando la igualdad de derechos de los hijos, pues todos eran sucesores de la misma calidad.

El Código Civil de 1852 establecía que todo lo recibido por los descendientes con derecho a heredar, bajo cualquier título, se consideraba anticipo de legítima (hoy anticipo de herencia). Este no se estimaba como mejora salvo que el testador lo declarase de forma expresa en su última voluntad (art. 743). En este caso no había lugar para la colación, porque ella perseguía que se respete la igualdad en las cuotas legitimarias entre los hijos, lo cual implicaba imputar el importe de la ventaja económica recibida por una persona, en vida del causante, a la cuota legitimaria.

La colación era regulada en este código con las siguientes reglas: i) todo lo recibido por los hijos y descendientes de sus padres o ascendientes, bajo cualquier título, se trae a colación para ser consultado en la partición entre los herederos en condición de igualdad (art. 935); ii) habiendo hijos o descendientes legítimos, la cuarta conyugal no debería pasar de 8 mil pesos ni ser mayor que la legítima obtenida por cada heredero; y iii) la cantidad en que la cuarta excedía a la legítima, se devolvería a la masa hereditaria para la igualación entre los herederos y el cónyuge sobreviviente (art. 920).

En la época de vigencia del Código de 1852, la cónyuge no era legitimaria, por lo tanto se le reconocía el derecho a la cuarta conyugal que no tenía la calidad de legítima, y cuya cantidad no podía superar las cuotas de los legitimarios. Además, el ascendiente no podía dotar a su descendiente en más de lo que podía corresponder a la cónyuge por la legítima, calculada al momento de constituirse la dote. La dote eran bienes que la mujer llevaba al matrimonio para colaborar con la atención de las necesidades domésticas. Se trataba de una figura típica de esa época que se mantuvo hasta el Código Civil de 1936.

Finalmente, en el caso de los ascendientes, estos también eran legitimarios, pero como sucede en el presente, su cuota era menor. Las reglas que regulaban la participación de los ascendientes y de los legitimarios eran las siguientes: i) los hijos o descendientes legítimos que tenían como herederos forzosos a sus padres o ascendientes, solo poseían la facultad para disponer hasta del tercio de sus bienes en favor de deudos o extraños (art. 697), es decir, la cuota legitimaria de los ascendientes era dos tercios de los bienes; ii) cuando los descendientes concurrían a heredar con hijos naturales reconocidos, la herencia se dividía por la mitad entre ellos y los hijos, iii) en el caso anterior, los ascendientes podían ser privados sin causa de su legítima, si el padre instituía al hijo natural como heredero universal (art. 892, inc. 2; 701 y 893). Entendemos que la presencia de un hijo natural reconocido e instituido como heredero universal, impedía que los ascendientes pudieran acceder a alguna cuota legitimaria.

b) El régimen de mejoras

El Código de 1852 no reconocía las mejoras en favor de los ascendientes, las cuales solo eran aplicables a los descendientes (con el Código Civil de 1984 se hizo posible el anticipo de herencia entre un descendiente y un ascendiente, pero condicionado a que el descendiente no dejare hijos). Se señalaba que lo recibido por el ascendiente de su descendiente, bajo cualquier título, era anticipación a cuenta del haber que le correspondería en la herencia como heredero forzoso (art. 743). Este artículo no aludía a los bienes dados a título oneroso porque la colación partía de la premisa de que el heredero forzoso había recibido una liberalidad del causante en vida. Los legados que provenían de la cuota de libre disposición también eran aplicables, pero no debían confundirse con las mejoras, que solo cabían para los descendientes. Finalmente, los ascendientes podían ser privados de su legítima por las mismas causales aplicables a los descendientes.

Para concluir, podemos señalar que los legitimarios solo eran los descendientes y ascendientes. No lo eran el cónyuge del causante ni los parientes colaterales de segundo, tercer y cuarto grado, quienes solo podían heredar en la sucesión intestada de acuerdo al orden preferencial.

1.2.2. La legítima en el Código Civil de 1936

Esta parte la desarrollaremos tomando como referencia al autor Jorge Eugenio Castañeda (1975), comentarista oficioso del Código Civil de 1936. La promulgación de este código fue realizada el 14 de noviembre de 1936, en respuesta a un llamado de la sociedad entera frente a los importantes cambios que había sufrido, pero que la legislación de 1852 no tuvo en cuenta. La legislación de las tres primeras décadas del siglo XX había quedado desfasada y un código civil debe responder a los hechos de una sociedad para regularlos, y permitir el desarrollo de la persona y su accionar al interior de ella.

La Constitución Política de 1933, vigente al momento de la promulgación del Código de 1936, no previó disposiciones sobre la herencia, como sí lo hicieron las Constituciones de 1979 (artículo 2 inciso 14, derecho a la propiedad y a la herencia) y 1993 (artículo 2 inciso 16, derecho a la propiedad y a la herencia). También debemos reconocer que a diferencia del Código Civil de 1852, los Código Civiles de 1936 y 1984 regularon la sucesión en un libro propio, con normas específicas sobre la transmisión patrimonial desde la muerte de una persona a favor de sus sucesores.

El autor Bolaños Rodríguez se refiere a Juan José Calle, Echecopar y Aníbal Crovetto, autores nacionales de comienzos del siglo XX, como los ponentes del libro de sucesiones del Código Civil de 1936. Ellos fundaron la legítima y el derecho de propiedad como derechos naturales que no podían modificarse y que debían existir al mismo tiempo. La institución de la legítima cumpliría deberes morales y sociales hacia la gran familia, que es la humanidad (2013, p. 44-45). Por su parte, Valverde (1951) comparte estas afirmaciones y añade que la familia debe primar sobre el individuo.

La regulación de la legítima sufrió cambios importantes. La cuota hereditaria varió de cuatro quintos a dos tercios del patrimonio cuando se trataba de legitimarios descendientes, y de la mitad del patrimonio en el caso de los ascendientes. Además, siguió reconociendo a los descendientes y ascendientes como legitimarios, e incluyó al cónyuge, pero con una limitación. Éste podía participar de la sucesión siempre que sus derechos por gananciales no superaran su cuota hereditaria. Si ocurría lo contrario, el cónyuge se quedaba con sus gananciales y ya no le correspondía la herencia de su consorte fallecido (artículos 704 y 765).

El Código de 1936, a diferencia del anterior, estuvo dividido en cinco libros. El primero estaba referido al derecho de personas; el segundo, al Derecho de familia; el tercero, al derecho de sucesión; el cuarto, a los derechos reales; y el quinto, al derecho de obligaciones. Como señalamos, el Código de 1852 reguló el fenómeno sucesorio en el libro de las cosas y del modo de adquirirlas, en el entendido de que la sucesión era una forma de adquirir propiedad. En cambio, el Código Civil de 1936 dedicó todo un libro con título propio al derecho de sucesión y las normas que regulaban el proceso hereditario desde su inicio, con la muerte del causante, hasta la culminación de la comunidad hereditaria, a través de la partición.

a) Las cuotas legitimarias

La legítima fue regulada en la segunda sección de la sucesión testamentaria. Aquí corresponde la misma crítica realizada para el Código Civil de 1984, porque se genera una confusión. Se induce a creer que la legítima solo opera en la sucesión testamentaria, pero ello no era así, pues también se aplica en la sucesión intestada. En el título segundo, no se definía qué es la legítima, pero se la describía al establecer las cuotas que pertenecían a los herederos forzosos y la cuota de libre disposición. Así, según el artículo 700, quien tenía descendientes o padres, hijos adoptivos o descendientes de éstos, o cónyuge podían disponer libremente hasta de un tercio de sus bienes. En consecuencia, la legítima de estos herederos forzosos (salvo los ascendientes) era dos tercios del patrimonio hereditario. En el artículo 701, se distinguían las cuotas entre los descendientes y el cónyuge respecto de los ascendientes, a quienes les correspondía la mitad del patrimonio por legítima.

El Código de 1936 seguía al de 1852 en la regulación de la figura del hijo alimentista, y establecía que la cuota de libre disposición quedaba afectada ante su presencia. Como se observa, la figura del hijo alimentista se continúa regulando bajo la presunción de paternidad y solo con efectos alimentarios. Pese a la existencia de una prueba científica como el ADN, que afirma o niega una paternidad, aún se mantiene al hijo alimentista en el Derecho de familia y el Derecho sucesorio; la razón de ello radica en que la prueba genética del ADN, tiene un costo que es asumido por quien lo alega, y en la inmensa mayoría de los casos, no tienen los recursos necesarios para asumir el costo de esta prueba, sin embargo podríamos encontrar una solución al tema, si es que se cumpliera el artículo cuarto de la vigente Constitución (1993), que establece el deber del Estado de proteger al niño, adolescente, a la familia, en general, y una forma de proteger es propender a que se establezca la relación paterno filial, subsidiando el costo de esta prueba, sin embargo ello no ocurre, no está en la agenda del Estado, procurar la mejora de su población infantil, y condena a una importante mayoría de ellos, a vivir siendo parte de una familia monoparental, mayormente viviendo con la madre, sin la presencia de la figura paterna.

De otro lado, algunas disposiciones del Código Civil de 1936 fueron criticadas. En primer lugar, se consideraba que los artículos 704 y 765 del Código generaban confusión entre gananciales y cuota hereditaria. El artículo 704 fue cuestionado en el nivel jurisprudencial porque afirmaba que "[l]a legítima del cónyuge es una cuota igual a la que le correspondería como heredero legal, pero la perderá si sus gananciales llegan o exceden al monto de la cuota, y esta se reducirá hasta lo que sea preciso si los gananciales fueran menores" (Castañeda, 1966). Esta disposición se concordaba con el artículo 765, donde se disponía que, si había hijos u otros descendientes, el cónyuge heredaría una parte igual a la de un hijo legítimo.

Si el cónyuge concurría con un hijo y sus gananciales, provenientes de la sociedad de gananciales con el causante superaba su cuota hereditaria, la perdía y solo se quedaba con los gananciales. Ello redundaba en beneficio del hijo, quien terminaba recibiendo el íntegro del patrimonio hereditario. La aplicación de estos artículos generó muchos rechazos por el trato injusto que se daba al cónyuge sobreviviente y porque los gananciales se confundían con la cuota hereditaria.

Sobre el particular, diremos que se trata de instituciones diferentes en esencia y provenientes de fuentes distintas. Esta deficiencia legislativa ha sido superada en el Código Civil de 1984 que separa los gananciales de la cuota hereditaria. Así, el artículo 730 vigente refiere que la legítima del cónyuge es independiente de lo que le corresponde por gananciales.

En segundo lugar, el tratamiento legal del hijo nacido de relaciones extramatrimoniales fue injusto y discriminatorio. De acuerdo al contexto social, él era estigmatizado y considerado como un hijo de segunda categoría, lo cual se vio reflejado en sus derechos hereditarios. Así, el artículo 762 establecía: "Si hay hijos legítimos e ilegítimos, cada uno de estos últimos recibirá la mitad de lo que recibe cada legítimo" (Código Civil, 1936). Este trato discriminatorio fue superado con la Constitución de 1979 que reconoció la igualdad de todos los hijos ante la ley. En el presente, todos los hijos, independientemente de su nacimiento en el matrimonio o fuera de él, tienen cuotas hereditarias iguales, así lo establece el artículo 818 del vigente Código Civil de 1984.

b) El régimen de mejoras

El Código Civil de 1936 mantuvo el régimen de mejoras del Código de 1852. Así, el artículo 707 señalaba que "[e]l testador puede disponer hasta de uno de los dos tercios de sus bienes destinados a legítima para mejorar a sus descendientes". Bajo este código y con la finalidad de posibilitar el uso de las mejoras, se estiló dividir el patrimonio hereditario en tres partes: dos de ellas, es decir, dos tercios constituían la legítima; y el otro tercio, la porción disponible. De este modo, las mejoras salían de uno de los tercios de la legítima y se destinaban, según disposición del testador, en favor de uno o más legitimarios. En ese entonces se conocía como la legítima larga (dos tercios) y la legítima corta (un tercio).

El hijo mejorado veía incrementar su legítima y quedaban en ventaja con respecto a los otros hijos no mejorados. La única limitación era que el haber de un hijo mejorado no debía pasar del doble de haber de otro de la misma clase del no mejorado (Código Civil, 1936, art. 708). Las mejoras desparecieron con el Código de 1984 para evitar diferencias entre los hijos y mantener la igualdad, conforme a la norma constitucional. Además, si el deseo del testador es beneficiar a uno de sus hijos, lo puede hacer sin tocar la porción legitimaria. Él puede usar su facultad de libre disposición sobre la porción disponible que el legislador le otorga.

El Código Civil de 1936 mantuvo la intangibilidad de la legítima. Así, el artículo 705 decía que el testador no podía imponer gravamen, modalidad, ni sustitución de ninguna especie. El fundamento de la intangibilidad estaba en la naturaleza de las normas que gobiernan la legítima, las cuales son de orden público. Se trataba de normas que debían cumplirse sin dejar al arbitrio del testador, la posibilidad de que tome una acción contraria sobre la forma de establecimiento de la legítima.

1.2.3. Legítima en el Código Civil de 1984

El Código Civil de 1984 fue promulgado el 14 de noviembre de 1984 en reemplazo del Código Civil de 1936 que ya tenía cuarenta y ocho años de vigencia. Las razones de un cambio de un código son señaladas por Bevilaqua (s.f): "[...] por el hecho mismo de que el derecho evoluciona, el legislador tiene necesidad de armonizar los principios divergentes, para acomodar la ley a las nuevas formas de relaciones y para asumir discretamente la actitud de educador de una nación, guiando cautelosamente la evolución que se acusa en el horizonte" (citado por Revoredo, 1980, p.5). Para el momento de la promulgación ya estaba vigente la nueva Constitución Política de 1979, la cual incorporó una serie de derechos fundamentales que modificaron sustantivamente el Derecho de familia y, con este, al Derecho sucesorio.

Los derechos más relevantes fueron el derecho a la igualdad de todos los hijos, con independencia de si nacieron dentro de un matrimonio o fuera de él; la igualdad legal entre la mujer y el hombre; y el reconocimiento de las uniones de hecho sobre la base del deber estatal de proteger a la familia.

Estos importantes cambios que trajo la Constitución de 1979, reconociendo derechos fundamentales, modificaron el sistema sucesorio en varios aspectos: el tratamiento de los hijos del causante al darles cuotas iguales sin que interese su calidad de matrimonial; la separación de los gananciales de la cuota hereditaria, con lo cual se convierte al cónyuge en un heredero forzoso más, sin necesidad de condicionamientos (más adelante se reconocería el derecho de herencia entre los concubinos); y la protección del consorte viudo al otorgarle un derecho de habitación vitalicio respecto de la casa que fue el hogar conyugal.

En el tema de la legítima, el nuevo Código de 1984, en un intento de hacer pedagogía, define dicha institución. Así, el artículo 723 señala: "La legítima constituye la parte de la herencia, de la que no puede disponer libremente el testador cuando tiene herederos forzosos". No obstante, la norma presenta una serie de reparos en su tratamiento.

En cuanto a la ubicación de la legítima, el nuevo Código como el anterior, trata la institución en la segunda sección llamada De la Sucesión Testamentaria, aunque la legítima no solo está presente en esa clase de sucesión, sino también en la intestada. En todo caso, como sucede con la representación sucesoria, la legítima debió ser tratada en la parte introductoria, de la sucesión en general, como conjunto de reglas que resultan aplicables a todo el Derecho sucesorio.

La confusión se reafirma porque la definición de la legítima alude al testador. Si la intención era definir la institución, debió mencionarse al causante, con lo cual se estaba cubriendo la sucesión testamentaria y la intestada. Además, debió mencionarse que es la ley y no el causante, la que establece la indisponibilidad de parte del patrimonio ante la existencia de herederos forzosos.

El Código Civil de 1984 no altera las porciones legitimarias establecidas en el Código Civil de 1936, con lo cual, la legítima de los descendientes y el cónyuge es dos tercios del patrimonio hereditario, y el 50% cuando se trata de ascendientes. Además, se mantiene a los herederos forzosos como legitimarios, hijos y descendientes, padres y ascendientes, y cónyuge; y, en una ley posterior (Ley 30007, 2013), se incorporó a los integrantes de la unión de hecho (concubinos) en esa categoría. El Código distingue las preferencias hereditarias relacionadas con los legitimarios y, así, los ascendientes sólo son legitimarios ante la ausencia de descendientes. Esta norma también establece la posibilidad de concurrencia de legitimarios, ascendientes y cónyuge, es decir, éstos no se excluyen, como en el primer caso.

Una de las principales novedades del Código de 1984 es el artículo 730, porque supera las graves deficiencias del Código de 1936. Este excluía al cónyuge de la legítima, cuando sus gananciales superaban su cuota hereditaria al concurrir con hijos del causante (arts. 704 y 765). Así, el artículo 730 dice que "[l]a legítima del cónyuge es independiente del derecho que le corresponde por concepto de gananciales provenientes de la liquidación de la sociedad de bienes del matrimonio".

Esta norma separa la cuota hereditaria y los gananciales como dos derechos distintos, y lo hace no solo porque tienen fuentes diferentes, sino porque sustantivamente son disímiles. La primera es un derecho que la ley reconoce a los consortes para heredarse entre sí sobre la base de que la institución matrimonial tiene soporte constitucional, es fuente de familia, y constituye una institución indispensable para la sociedad; además es un derecho derivado, un derecho que proviene del causante.

En lo que atañe a los gananciales, son propios de un régimen económico, que a lo largo de la vida matrimonial va formando un patrimonio social generado por ambos cónyuges y que a su término se liquida en partes iguales entre los consortes. La figura se basa en un reconocimiento a ambos que, con esfuerzo y sacrificio, han contribuido a la formación de ese patrimonio común. En consecuencia, con independencia del derecho que tenga el cónyuge sobre los gananciales y el monto resultante de éste, también tendrá derecho a su cuota hereditaria que, en este caso, se fija en una cuota igual a la de un hijo. Consolidando todo ello, diremos que es un derecho propio, que no deriva del causante.

Otro derecho importante relacionado a la legítima es el derecho de habitación vitalicia sobre el inmueble conyugal para el cónyuge supérstite, que no estuvo en el Código Civil de 1936. Este derecho es tomado del artículo 540 del Código Civil de Italia (1942) y del artículo 3573, del Código Civil de Argentina (1879)[1]. Se trata de la facultad del cónyuge supérstite que concurre con otros sucesores, y el importe de sus gananciales y cuota hereditaria no alcanzan para adjudicarse la casa conyugal, permitiéndole seguir habitando la casa conyugal y con ello se impide su partición. En esta institución se unen dos figuras, una del Derecho de familia (art. 323), que otorga preferencia al cónyuge para la adjudicación de la casa conyugal, y otra del Derecho sucesorio (art. 731), que le otorga la posibilidad de seguir viviendo en el inmueble.

Finalmente, las normas que regulan la legítima son de orden público y no se puede pactar contra ellas ni condicionarlas porque se trata de un derecho intangible. Dichas normas se extienden igualmente al derecho de habitación.

Una crítica que se hace al Código Civil de 1984 con respecto a la legítima, es la no existencia de una disposición que establezca cómo se obtienen las cuotas legitimarias, tal como por ejemplo, la tiene el Código Civil español (1889). Este, en su artículo 818, define las pautas para fijar la legítima y señala que se atenderá al valor de los bienes que quedaren a la muerte del testador, con deducción de las deudas y cargas, y al valor líquido de los bienes hereditarios se agregará el de las donaciones colacionables. Se trata de un referente importante a tener en cuenta para establecer la legítima en el Perú..

---

1 El Código Civil de Argentina incorporó el artículo 3573, sobre el derecho de habitación vitalicia del cónyuge supérstite, mediante una ley promulgada el 1 de octubre de 1974.

1.2.4. La regulación de la legítima en el Derecho comparado

Existen diferencias en cuanto al trato de la institución de la legítima. Los países centroamericanos no la gobiernan en función de proteger los derechos alimentarios de los familiares del causante. Mientras las legislaciones sudamericanas se ocupan principalmente, de proteger los derechos hereditarios de los familiares del causante cuando este haya fallecido. Esto con independencia de si ellos se encuentran en estado de necesidad o no. Como lo veremos más adelante; los alimentos son un requisito indispensable e incluso justificarían el rol social, solidario de la legítima.

1.2.4.1. Legislaciones centroamericanas que no regulan la legítima

Antes de revisar las legislaciones centro americanas, resulta interesante mencionar la legítima en un país caribeño como lo es Cuba, que tiene un carácter fundamentalmente asistencial. Esto nos conduce a señalar que el tema alimentario (derecho asistencial) está presente en los legitimarios en tanto que quienes se encuentren en estado de necesidad serán beneficiarios de la legítima.

Los países de la región centro americana, como México y Costa Rica, no regulan la institución de la legítima, pero se cuidan de proteger los derechos alimentarios de los parientes necesitados del causante.

El Código Civil para el Distrito Federal de México, en su artículo 1283, señala lo siguiente: "El testador puede disponer de todo o parte de sus bienes. La parte de que no disponga quedará regida por los preceptos de la sucesión legítima". En este caso, el legislador mexicano llama sucesión legítima a la sucesión intestada (2016, p 129). Este Código no regula la legítima como un derecho de los herederos forzosos a participar necesariamente de una parte del patrimonio del causante, pero protege el derecho alimentario de sus parientes. En efecto, se dedica todo un capítulo a señalar el deber del testador respecto de los alimentos para los descendientes menores de edad, los imposibilitados de trabajar, el cónyuge supérstite cuando esté impedido de trabajar, los ascendientes y los hermanos incapacitados de trabajar (art. 1368). Además, convierte en inoficioso, el testamento en que no se deje asegurada la pensión alimenticia.

Por su parte, el Código Civil de Costa Rica (1885) también deja libertad irrestricta para testar, pero protege el derecho alimentario de los parientes necesitados del causante. Así se desprende del artículo 571 cuando define el testamento señalando que, si el causante falleciese sin disponer de sus bienes o lo hiciera solo en parte, o si habiendo dispuesto, el testamento caducase o fuese anulado, aquellos entrarán a la herencia de sus herederos legítimos (en nuestra legislación, herederos legales). A esto se suma que el artículo 595 refiere a la carencia de legítima con mayor nitidez al establecer lo siguiente:

> El testador podrá disponer libremente de sus bienes, con tal que deje asegurado los alimentos de sus hijos hasta la mayoría de edad si es menor, y por toda la vida si su hijo tiene una discapacidad que le impida valerse por sí mismo, además deberá asegurar la manutención de sus padres y la de su consorte, mientras los necesiten. Si el testador omite cumplir con su obligación de proveer alimentos, el heredero solo recibirá de los bienes lo que sobre, después de dar al alimentario, previa estimación de peritos, una cantidad suficiente para asegurar sus alimentos.

Resulta claro que, tanto en México como en Costa Rica, la prioridad son los alimentos de los parientes necesitados del causante y, en esa medida, el derecho irrestricto de testar está limitado por ellos. Por esta razón, los legisladores no se preocupan por regular el tema de la legítima, que está dirigida a proteger a los familiares cercanos y directos del causante con una parte del patrimonio. Los países que regulan la legítima no siempre la hacen descansar en el derecho alimentario, aunque los legitimarios sean acreedores alimentarios del causante. Sin embargo, la institución funciona en favor de aquellos herederos forzosos, aun cuando éstos no se encuentren en estado de necesidad.

1.2.4.2. Legislaciones sudamericanas que regulan la legítima

En Sudamérica, todos los países, sin excepción, regulan la institución de la legítima, aunque con ciertas diferencias sobre todo en cuanto a las porciones legitimarias. El autor Pérez Gallardo alude a las diversas cuotas legitimarias en los países de Sudamérica, como cuatro quintos (Bolivia y Argentina) o dos tercios (Perú y Uruguay) del as hereditario, y otros que distinguen la porción conyugal, la cuarta de mejora y las legítimas (Chile, Colombia y Ecuador) (2010, p. 48-55). A modo de ejemplo, explicamos la regulación de la legítima en las legislaciones de Colombia y Chile.

El Código Civil de Colombia (1873), en su artículo 1239, define la legítima en los siguientes términos "[...] legítima es aquella cuota de los bienes de un difunto que la ley asigna a ciertas personas llamadas legitimarios. Los legitimarios son por consiguiente herederos". La norma considera legitimarios a los descendientes, ascendientes y al padre adoptante (art. 1240), pero no a la cónyuge. Esta tiene un tratamiento especial, que está regulado en el artículo 1236 al tratar de la porción conyugal. Se señala que la porción conyugal es la cuarta parte de los bienes del causante y concurre con todos los órdenes de sucesión salvo en el caso del hijo. Además, el viudo o viuda, si los hubiese, recibirá la legítima rigurosa de un hijo como porción conyugal. Esta vendría a ser lo que la legislación peruana trata como gananciales y también se reduce a la cuota legitimaria de un hijo del causante cuando concurre con los descendientes, como lo hacía nuestro Código Civil de 1936.

Por su parte, el Código Civil de Chile (1855) define la legítima en los mismos términos que lo hace la legislación colombiana. Así, en el artículo 1181 se señala lo siguiente: "Legítima es aquella cuota de los bienes de un difunto que la ley asigna a ciertas personas llamadas legitimarios. Los legitimarios son por consiguiente herederos". En la legislación chilena son legitimarios los descendientes, los ascendientes y el cónyuge sobreviviente. En cuanto a la cuota legitimaria, el artículo 1184 alude a la mitad de los bienes, que se dividirán por cabezas o estirpes entre los legitimarios según las reglas de la sucesión intestada.

En términos de nuestro Código Civil (1984), la división de la legítima por cabezas se refiere a la sucesión de un padre, cuando concurren directamente sus hijos, y por estirpe, cuando uno de los hijos es representado por sus propios hijos, es decir, por los nietos del causante, a través de la representación sucesoria. En cuanto a las reglas de la sucesión intestada, el trato es similar al que nuestra legislación brinda a las cuotas legitimarias mediante la remisión a la sucesión legal.

Una disposición interesante del Código Civil de Chile, contemplada en el artículo 1184, consiste en que, si existen los legitimarios, la masa de bienes se dividirá en cuatro partes: dos de ellas, o sea la mitad del acervo, se destina a las legítimas rigurosas; una cuarta parte, a las mejoras con que el difunto haya querido favorecer a su cónyuge, o a sus descendientes o ascendientes, sean o no legitimarios; y otra cuarta parte, a que el causante puede disponer a su arbitrio. La legislación chilena regula las mejoras con el ánimo de que uno de sus legitimarios reciba en adición otra cuota parte adicional a la que le corresponde. Lo novedoso es que las mejoras podrían darse a estos parientes sean o no legitimarios, es decir, aquellos que por ley son legitimarios, pero han perdido esa calidad por diversas razones. El saldo, es decir la cuarta parte de los bienes, vendrían a ser la porción disponible según nuestra legislación peruana.

En lo descrito, podemos observar que, tanto en las legislaciones centroamericanas, donde no se regula la legítima, como en las sudamericanas, donde sí se la regula, encontramos el denominador común de la protección de los alimentos como derecho asistencial, urgente y vital. Esto se realiza obligando a que el testador reserve una parte de su patrimonio para los familiares, o concediéndole la libertad irrestricta de testar, pero asegurando los alimentos de los parientes cercanos y directos, los llamados herederos forzosos en las legislaciones que regulan la legítima, sin embargo en nuestra legislación, el estado de necesidad de los legitimarios y por ello con derecho a ser alimentados, no siempre está presente, y nos atrevemos a decir, que en un gran número de casos, los alimentos, no son requisitos para que funcione la legítima, y ello lo observamos cuando el causante es un adulto mayor, con hijos que generan sus recursos y que han formado familia, y en ellos la legítima no cumple el papel de asistencia, que viene a ser la esencia de la institución, porque esos hijos no necesitan la legítima.

CAPÍTULO II

La legítima y los herederos forzosos

2.1. SOBRE EL TÉRMINO "LEGÍTIMA"

Por costumbre o tradición jurídica, en el Perú, seguimos llamando a una serie de instituciones, tal como eran denominadas en épocas lejanas donde imperaba el Derecho Romano e incluso el Germánico; así tenemos la Patria Potestad, que significa el poder del padre; ahora bien, nadie puede decir que la patria potestad signifique ello. Lo mismo ocurre con la Legítima, término que viene de legitimidad, y alude a conductas apegadas al derecho, o cosas que responden a su esencia; sin embargo en el Derecho sucesorio, la legítima tiene su propio contenido.

Pues bien, esta costumbre o tradición jurídica sigue imperando, y en lo que atañe al tema del texto, seguimos denominando legítima, a la institución que tiene por fin proteger a los integrantes del grupo familiar.

Sin embargo el término legítima no determina ni la definición ni el contenido de la legítima sucesoria, porque legítima que se deriva de legitimidad, alude más a lo que está conforme a derecho, entonces siguiendo esta línea, legítima sería una acción, o conducta que guarda concordancia con la ley, y por lo tanto esa conducta, o acción es legítima.

Nuestros legisladores han usado el término legítima, para definir determinadas situaciones, como por ejemplo con el Código Civil de 1936, al aludir a la calidad de hijos, y así señalaban que eran hijos legítimos los nacidos dentro de un matrimonio, y usaban el término ilegítimo, cuando nacían fuera del matrimonio. En este caso calificaban a los hijos, y los llamados ilegítimos eran considerados como de segunda categoría, e incluso, eran tratados peyorativamente, porque un ilegítimo, era como estar contra la ley, lo que no tiene sentido.

En el presente ya no se califica a los hijos, y lo que se hace es describir la situación de los hijos, los nacidos dentro de un matrimonio, son matrimoniales y lo nacidos fuera de él, hijos no matrimoniales, pero ambos con iguales derechos.

Sin embargo como ya se indicó, la legítima sucesoria no tiene nada que hacer con el término de legitimidad alguna, por supuesto que sus normas deben guardar conformidad al derecho, pero ello está implícito.

Más bien, esta institución legítima sucesoria fue generada para proteger la economía familiar, y ese fue su fin, y toca a todos los que estamos en el mundo del derecho, actualizar los nombres de las instituciones, respondiendo a la esencia de lo que son ellas en el presente.

2.2. LEGÍTIMA EN SEDE TESTAMENTARIA E INTESTADA

La institución está regulada en el capítulo de la sucesión testamentaria, y ratificando ello, la definición que se da alude al testador, nos conduciría a suponer que se trata de una institución testamentaria; ahora bien, cierto es que mayormente aparece la legítima en esa sede testamentaria, sin embargo es una institución que como derecho del legitimario, aparece en ambas sedes, la testamentaria y también en la sucesión intestada, corroborando ello, tenemos los artículos 1629 y 1645 del Código Civil.

El artículo 1629, estableciendo que nadie puede dar en vía de donación, más de lo que puede disponer por testamento: la norma alude a que el futuro causante, no debería otorgar una liberalidad cuyo valor sea superior a su cuota de libre disposición; ahora si hubo exceso o no en la liberalidad, se verá cuando el causante ya lo sea, y se conozca el patrimonio hereditario, y el importe de la cuota de libre disposición; sin embargo repárese que esta norma es previsora, porque está señalando que uno no puede donar todo o la mayor parte de su patrimonio si es que tiene herederos forzosos.

El paralelo de esta norma en sede testamentaria, la encontramos con la figura del legado, en tanto que al momento de testar, el testador si desea instituir un legado o varios, el valor total de esos legados no puede superar la cuota de libre disposición, porque de hacerlo está perjudicando a los legitimarios.

En cuanto al artículo 1645, complementando el artículo 1629, refiere que si las donaciones que realiza el futuro causante, exceden su porción disponible de la herencia, se suprimen o reducen en cuanto al exceso, las de fecha más reciente, o a prorrata si fueran de la misma fecha. Se explica estas disposiciones en tanto que se trata de proteger la legítima, y en particular las cuotas legitimarias de los llamados herederos forzosos.

Como es de observar los artículos 1629 y 1645, que están reguladas en el libro de Contratos del Código Civil, bajo la denominación de donaciones, y por ende son normas que se aplican en vida de las personas; ahora bien, como ha quedado comprobado, tenemos que convenir que la institución de la Legítima, también juega un rol importante en las sucesiones intestadas.

2.3. HEREDEROS FORZOSOS

La ley considera como tales a los descendientes del causante, y en defecto de ellos a los ascendientes, y termina señalando al cónyuge o sobreviviente de la unión de hecho, de conformidad con la Ley N° 30007.

No es feliz la norma cuando alude al término forzoso, porque lleva a confundir a que los herederos deben serlo de todas maneras, ignorando que existe el derecho de delación, esto es la opción de aceptar o rechazar la herencia. Si queremos ubicar el término forzoso tendríamos que considerarlo para el causante, que de todas maneras tiene que considerar a estos herederos legitimarios; en otros términos, forzosamente debe considerarlos, como un mandato obligatorio. El nombre más calificado debería ser legitimario, o heredero necesario.

El código sin guardar el orden necesario se pronuncia por la cuota de libre disposición, 725 y 726, cuando antes tendría que haber considerado la porción legitimaria de los llamados herederos forzosos, empero al reconocer que la porción disponible es un tercio de su patrimonio, inferimos que la cuota de los legitimarios es de dos tercios; variando este porcentaje, cuando los legitimarios son ascendientes, en este caso el 50% del patrimonio del causante, es legítima y el saldo es decir el otro 50% del patrimonio, corresponde a la porción disponible.

Obsérvese que el Código Civil al tratar este tema alude a porcentajes de los bienes del causante, lo que no es acertado, porque la legítima se obtiene una vez reconstruido del patrimonio hereditario, en donde se considera las deudas del causante, y las liberalidades que pudiera haber otorgado en vida, por eso, en una suerte de adelanto, nosotros aludimos al tercio del patrimonio o si fuera el caso al 50% del patrimonio.

A continuación un resumen de cómo opera esta reconstrucción, importante para saber a cuánto asciende la legítima, y la porción disponible.

Fallecido el causante, deja un patrimonio hereditario bruto, al cual se le deduce las deudas que hubiere, y nos preguntamos porque se resta el importe de esas deudas; absolviendo esa inquietud, decimos porque en la división y partición de la comunidad hereditaria, luego del inventario, se pagan las deudas del causante; es decir los acreedores del causante son los que tienen preferencia en esta partición.

Luego de ello, nos encontramos con un patrimonio hereditario neto, al cual se le suma el valor de las liberalidades otorgadas por el causante en vida; también aquí merece una explicación, y esta consiste en que esas liberalidades a los futuros herederos forzosos se consideran como anticipo de herencia, y si es a un tercero ajeno al entorno familiar del causante, se justifica su incorporación, porque el valor de esa liberalidad no debe superar la cuota de libre disposición.

Reconstruido el patrimonio hereditario recién se conocerá el importe de la legítima y de la cuota de libre disposición, entonces no cabe señalar porcentaje sobre bienes, desconociendo los otros ítems que son parte importante del patrimonio o acervo imaginario, como la denomina la legislación chilena.

El legislador con tino establece que el que no tiene herederos forzosos, es libre de disponer de sus bienes, derechos, como mejor le parezca; en este caso hay libertad irrestricta de testar y por ende no tiene lugar la legítima. La idea del legislador es proteger a los legitimarios, pero si no los hay, entonces se hace a un lado y deja abierta la disposición de un patrimonio de la persona que carece de los denominados herederos forzosos.

2.4. LEGÍTIMA DEL CÓNYUGE, INDEPENDIENTE DE SUS GANANCIALES

El artículo 730, es una novedad en nuestra legislación, pero tiene una razón de ser, y ésta se encuentra en la legislación del Código Civil de 1936, que llegó a confundir ambos conceptos, lo que dio lugar a que la aplicación concordante de los artículos 704 y 765 de este código, dejara en desventaja a la cónyuge que concurría con hijos del causante en una sucesión abierta, y así refería que si sus gananciales superaban su cuota hereditaria, entonces perdía ésta y solo se quedaba con sus gananciales.

Ejemplificando el tema, diremos que si María concurría con dos hijos del causante, y el patrimonio social de María y su cónyuge, hoy el causante, era de 120 mil, entonces a María le correspondía 60 mil como gananciales, y los otros 60 mil eran patrimonio hereditario dejado por el causante; herencia a la que concurría María con sus dos hijos; de esa herencia a María le correspondía 20 mil, entonces como sus gananciales eran 60 mil, muy superior a los 20 mil derivado de su cuota hereditaria, perdía ésta y solo se quedaba con sus 60 mil de gananciales, y a los dos hijos les correspondía 30 mil para cada uno.

Hoy con el mismo ejemplo pero con el Código Civil de 1984, María recibe 60 mil de gananciales y 20 mil como cuota hereditaria.

Los conceptos de gananciales y cuota hereditaria vienen de dos fuentes diferentes, uno del trabajo común en la formación del patrimonio social de los cónyuges a lo largo de su vida matrimonial, y por lo tanto son derechos propios; por otro lado la herencia se basa en el vínculo que une a la cónyuge con el causante, vínculo matrimonial, o ahora unión de hecho que genera familia, en ambos casos son derechos derivados o del matrimonio o del concubinato, y teniendo como base la protección a la familia que señala la Constitución en el artículo 4.

En conclusión, cuando fallece una persona que estuvo casada con régimen de sociedad de gananciales, en primer lugar se debe liquidar esa sociedad que acaba de terminar con el deceso de uno de los cónyuges, aplicándose las reglas que establece el Libro de Familia, artículos 320 al 323, y enseguida se aplican las reglas de la sucesión.

Proceder de otra manera, es decir aplicar las reglas de sucesiones sin haber liquidado la sociedad de gananciales, sería condenar al cónyuge sobreviviente a recibir menos de lo que corresponde, e incluso la importancia también radica en conocer qué bienes y deudas le corresponde asumir al sobreviviente viudo/a, en tanto que ahora asume su posición de heredera del causante.

Un tema adicional que se repite con frecuencia en sede testamentaria, es cuando el testador, casado bajo el régimen de sociedad de gananciales, testa sin tener en cuenta que de ese patrimonio social que tiene con su consorte, solo le corresponde el 50%, y sobre ello debe girar el testamento, sin embargo testa sobre el 100% del patrimonio, con lo cual está perjudicando al cónyuge sobreviviente, empero la magistratura no sanciona con nulidad este acto, sino que interpretando la normatividad vigente, entiende que se está testando sobre el 50% del patrimonio social, más la cuota que le corresponde como heredera; sobre el particular la casación 4922-2015 del Cusco, interpreta correctamente este desconocimiento del testador, sin necesidad de declarar la invalidez de la cláusula que la contiene.

Debemos hacer docencia en estos temas para que no se incurra en estos errores; citando a Aguilar en "La sucesión intestada" Instituto Pacífico, 2025, p 87 señala" ...si el matrimonio del causante estuvo bajo el régimen de sociedad de gananciales, entonces al ocurrir su muerte, primero hay que liquidar los gananciales , y se adjudica el 50% de gananciales para cada uno de los consortes. En este caso se adjudicará el 50% a favor de la cónyuge sobreviviente, y el otro 50% que le hubiera correspondido al causante, pero con su muerte dejó de ser persona y ya no es más un sujeto de derecho; así que ese 50% es el patrimonio hereditaria que está dejando, y que por sucesión, va a corresponderle a sus herederos, dentro de los cuales está la cónyuge supérstite; así la cónyuge termina recibiendo 50% en calidad de gananciales y una cuota igual a la de los hijos del causante que concurran con ella". No actuar así, sería un perjuicio para el cónyuge sobreviviente.

La citada casación 4922-2015, también menciona una indebida desproporción en la distribución de la masa hereditaria, pero ello no está sancionada con nulidad expresa del Código Civil , pero si comporta la causal de caducidad de las disposiciones testamentarias previstas en el artículo 807 del código civil, que regula la reducción de las disposiciones testamentarias que menoscaben la legítima; sobre el particular, la mención del artículo 807 puede aplicarse al legitimario a quien no le adjudican su cuota íntegra y solicita a los otros herederos que pueden haber recibido cuotas excesivas, empero mayormente esta norma termina aplicándose a los legados que superan la cuota de libre disposición, y dispone su reducción hasta los límites de la porción disponible, y con ello se defiende las cuotas legitimarias.

Esta casación 4922-2015, Cusco, en su considerando octavo alude a un argumento del peticionante, respecto de cómo debe considerarse la legítima, y en efecto el interesado da una visión de la legítima cómo lo sostienen los defensores de legítima pars bonorum, sin embargo los magistrados parecen darle la razón al litigante señalando que en efecto este párrafo debe interpretarse de la siguiente manera "...aplicando el artículo 723 del Código Civil que regula la legítima y la porción disponible, confundiendo la legítima y la herencia, por lo tanto incurre (el interesado) en interpretación incorrecta de dicho artículo. Precisa que dichos conceptos no deben confundirse, por cuanto el causante no siempre está impedido de disponer libremente la legítima, aunque tenga herederos forzosos, la legítima es una parte del patrimonio del causante, no del testador, porque también se aplica como criterio regulador, aunque haya sucesión intestada y se calcula sobre la base de un patrimonio ideal o ficticio, ..."; polémica decisión de la magistratura referida a la naturaleza de la legítima, tema que se verá en el siguiente capítulo.

2.5. CUOTAS IGUALES EN LEGITIMARIOS Y HEREDEROS LEGALES

Según Ferrero (ya citado págs. 267 y 268), analizando el artículo 729 del Código Civil muestra su disconformidad con esta disposición, afirmando que las cuotas en la legítima no son iguales en sede de sucesión intestada; cordialmente discrepo de esta opinión, la identificación de cuotas es igual con legítima y cuotas legales en sede intestada.

Con un ejemplo clarificamos el tema. Si Juan tiene tres hijos y testa, está obligado a dejar legítima a sus vástagos, y esa legítima, se dividirá en cuotas iguales, esto es a cada uno de ellos le corresponde un tercio. Si el mismo Juan fallece intestado y le sobreviven tres hijos, a cada uno de ellos les corresponderá una cuota igual, en este caso un tercio. Lo que varía es el importe del tercio, en tanto que con legítima, tendrá un valor en función de lo que importe la legítima, que como sabemos es dos tercios del patrimonio; en el caso de la sucesión intestada, el tercio está referida a todo el patrimonio hereditario, dependiendo igualmente del monto de ese patrimonio. Entonces las cuotas son iguales, pero la variación va a estar dada, que una se obtiene de dos tercios del patrimonio y la otra sobre todo el patrimonio; conclusión las cuotas son iguales con legítima, y en la sucesión intestada.

2.6. DERECHO DE HABITACIÓN DEL CÓNYUGE SUPÉRSTITE, COMO PARTE INTEGRANTE DE LA LEGÍTIMA.

Los artículos 731, 732 y 733 del Código Civil, se ocupan de este tema, empero es el 731 el que describe este privilegio del que goza el cónyuge, y lo hace obligando al causante a respetarlo y le ordena no prohibirlo.

Decimos cónyuge privilegiado, porque en verdad lo es, al gozar del derecho de participar de la herencia del causante, concurriendo con los descendientes de éste, así no sean sus hijos, así mismo con sus ascendientes en caso no hubiere descendientes, y si no hubiera ninguno de ellos, toda la herencia es para el cónyuge; por otro lado, en el Derecho de familia (artículo 323) le otorga el derecho preferencial para adjudicarse la casa. Sumado a todo ello el artículo 823 del código civil, también le otorga el derecho de opción entre ser heredero o usufructuario de la tercera parte del patrimonio hereditario, cuando concurre con numerosos descendientes del causante, y por último este derecho que comenzamos a describir.

Refiere el artículo 731 del Código Civil, que el cónyuge supérstite cuando concurra a la sucesión con herederos del causante, y sus gananciales y cuota hereditaria no alcanzare el valor del inmueble que fue el hogar conyugal, podrá optar por el derecho de habitación vitalicio sobre el inmueble que fue el hogar conyugal.

Sobre esta suerte de definición del derecho, decimos que el legislador comete dos errores; primero, que el término que debió utilizarse al referirse a la concurrencia con herederos, no es el más indicado; debió utilizar el de sucesores, y no restringir el término a herederos, en tanto que en la realidad se puede dar y de hecho se da, que el cónyuge supérstite concurra solo con legatarios, al no tener descendientes, y como vemos el código civil califica como sucesores tanto a herederos como legatarios

En segundo lugar no debió emplearse el término opción, porque no lo es, se trata de un derecho adicional que tiene el cónyuge supérstite que no deriva del causante, sino que nace en cabeza de él, en su calidad de heredero; en puridad es un derecho que no es sucesorio, sino que la ley termina concediéndole como un beneficio adicional, quizás contemplando su nuevo estado de vida, sin el compañero/a de toda su vida, razones emotivas, afectivas, piadosas son las que están en este derecho, pero que es tan importante que suspende el derecho de partición de ese bien hasta que se extinga el mismo.

Aun cuando el legislador no lo diga, y más bien, pareciera reducir la figura solo en el régimen de sociedad de gananciales, nada obsta para que la figura también tenga presencia en sociedades conyugales que hayan estado bajo régimen de separación de patrimonios, y el inmueble que sirvió de casa conyugal, era un bien propio del causante; las razones de su existencia son las mismas que se dieron para aludir a gananciales; término que es propio de la sociedad de gananciales..

El artículo 733 del Código Civil aludiendo al testador nos señala lo siguiente "...tampoco puede privar a su cónyuge de los derechos que le conceden los artículos 731 y 732...", No olvidemos que las normas de la legítima todas son de orden público, y por ende de obligatorio cumplimiento.

Cerrando este breve comentario del derecho de habitación, decimos que el legislador en el afán de seguir protegiendo al cónyuge sobreviviente del matrimonio o de la unión de hecho, legalmente establece que cuando se ejerce el derecho de habitación, el bien objeto del mismo tiene la calidad de patrimonio familiar, lo que lo convierte en inalienable, inembargable, sin embargo no exonera al constituyente de seguir el proceso para lograr la inscripción de esta institución.

El patrimonio familiar es una institución que persigue dar tranquilidad, sosiego a la familia, que tiene un inmueble y éste está afecto al patrimonio familiar, en tanto que al quedar registrado como tal, ese inmueble no podrá ser embargado, ni rematado, en pocas palabras ese inmueble se convierte en una isla jurídica, en donde no le afectan ningún derecho que pretenda despojarlo, o restarle derechos de uso o usufructo.

Los beneficiarios del patrimonio familiar, solo son el constituyente, cónyuge, e hijo, pero también puede alcanzar a otros descendientes menores o discapacitados, los padres y otros ascendientes que se encuentren en estado de necesidad, y los hermanos menores o discapacitados del constituyente.

Como se observa son normas de protección a la familia, como lo es la legítima, y lo que es importante se dirige a proteger a personas vulnerables, que son parte de la familia.

CAPÍTULO III

Debate doctrinal sobre la naturaleza jurídica de la legítima

3.1. PLANTEAMIENTO DEL PROBLEMA

La naturaleza jurídica de la legítima es una cuestión debatida en la doctrina nacional e internacional, además del debate sobre su permanencia o supresión, se analiza si los legitimarios necesariamente tienen que ser herederos del causante, sobre la base de la conexión familiar con él, y el patrimonio es parte de la herencia que está dejando el causante; esta tesis recibe el nombre de *pars hereditatis*, o si los legitimarios no necesariamente tienen que ser herederos del causante y su forma de pago puede ser en vida o luego del deceso, considerando el valor de los bienes que quedaren luego de abierta la sucesión, tesis denominada (*pars bonorum) o su equivalente parte de los bienes.*

Se trata de un debate doctrinal que de plasmarse en la legislación tendría serias consecuencias en las normas vigentes; por ello, desarrollaremos este punto que tiene más que ver cómo debería aplicarse la institución legitimaria, pero obviamente resulta muy interesante como debate académico, doctrinario.

Partimos por señalar que la doctrina nacional y extranjera no ha llegado a un consenso sobre si la legítima es *pars hereditatis* o *pars bonorum.* La autora Polo (2013) señala que la confusión entre los conceptos de legitimario y heredero en el derecho español, dificulta precisar qué se entiende por legítima y su naturaleza.

Así, el Código Civil español la define como "[...] la porción de bienes de que el testador no puede disponer por haberla reservado la ley a determinados herederos, llamados por esto herederos forzosos" (1889, art. 806). Para la autora, una lectura literal lleva a concluir que la legítima es *pars hereditatis* porque atribuye la cualidad de heredero forzoso al legitimario, quien tiene una alícuota de la herencia (2013, p. 346-347).

En el Perú, la definición de la legítima también nos llevaría a esa conclusión si seguimos al artículo 723 del código civil, al señalar que la legítima constituye la parte de la herencia de la que no puede disponer libremente el testador cuando tiene herederos forzosos, y más adelante señala quienes son estos herederos forzosos. Sin embargo, posteriormente al describir la legítima, alude a bienes y ya no hace referencia a la herencia, que es un concepto más general y que comprende al patrimonio del causante, en donde encontramos bienes, derechos y obligaciones, entonces se genera una confusión que es necesario desarrollar. La autora Polo señala que la doctrina mayoritaria la conceptualiza como *pars bonorum*, por lo que el legitimario no necesariamente tiene que ser heredero (2013, p. 347-349), concepto que luego se tratará.

Según el Código Civil al emplear el término testador, implica que se ubique la legítima en sede testamentaria, lo cual reafirma cuando la regula en el título de Sucesión Testamentaria. Sin embargo eso es una verdad a medias, porque la legítima como derecho de ciertos herederos, también tiene presencia en la sucesión intestada, y hay normas que dan fe de ello, por ejemplo, los artículos 1629 y 1645 ubicadas en el libro de contratos, específicamente en donaciones.

3.2. LEGÍTIMA PARS HEREDITATIS O PARS BONORUM

En realidad, el debate está en si la legítima es *pars hereditatis* del causante, como lo define el Código Civil, o es un valor de los bienes y derechos que pueden ser pagados a título de legados o mediante las liberalidades otorgadas en vida por el causante. Los dos últimos supuestos son expresión de la voluntad del causante y los legitimarios no siempre terminarían siendo los herederos.

La consideración de la legítima como *pars hereditatis* es asumida por diversos códigos civiles, como los de Chile y Colombia. Estos afirman que la legítima es *pars hereditatis* y que los legitimarios son herederos.

El Código Civil y la confusión que recae al tratar la legítima como parte de la herencia, o de los bienes y derechos del causante, contribuye a generar más dudas, aunque queda claro para el legislador peruano, que los legitimarios son herederos forzosos del causante.

Existe poca precisión no solo al definir la institución de la legítima, sino también al precisar sobre qué recae. El artículo 723 de nuestro

Código Civil, señala que la legítima es *parte de la herencia,* pero en los artículos 725, 726 y 727 se alude a que es parte de los bienes del causante, sin considerar las obligaciones que pudiera haber contraído éste en vida y que se transmiten por sucesión; no olvidemos que la herencia está referida a los bienes, derechos y obligaciones que deja el causante (artículo 660 del código civil). Por ello, no queda claro si las cuotas legitimarias deben obtenerse del patrimonio hereditario, en donde existen bienes, derechos y obligaciones, o solo deberían extraerse del activo de la herencia.

La legítima y la obtención de las cuotas legitimarias implican no solo trabajar con el caudal relicto (bienes, derechos y obligaciones que aparecen a la muerte del causante), sino reconstruir el patrimonio hereditario.

Como hemos señalado en la primera parte del texto, en primer lugar, debe deducirse el pasivo del caudal relicto; sobre el particular siempre va a existir pasivo, así el causante no haya dejado deuda alguna, empero las cargas de la herencia, también constituyen pasivo, como los gastos funerarios, gastos de última enfermedad del causante, siendo prioritario el pago de éstos. A la renta neta obtenida, si fuere el caso debe sumarse las liberalidades otorgadas en vida del causante. Todo ello da un patrimonio hereditario reconstruido; sobre el particular Chile usa el término acervo imaginario 1855, arts. 1184-1185), y con este patrimonio reconstruido, recién se pueden obtener las cuotas legitimarias. Si ello es así, entonces existe una inexactitud cuando el legislador solo se refiere a los bienes para definir a la legítima en los artículos del 725 al 727 del Código Civil peruano (1984).

En lo que atañe a la legítima, la tesis denominada pars bonorum, este último término alude a los bienes, se entiende son los que deja el causante, descansa fundamentalmente en trabajar con el caudal relicto, se llama así, a los bienes, derechos dejados por el causante a su muerte, luego de haber sido pagada la legítima en vida a los llamados herederos forzosos, por lo tanto esos valores de esos bienes, el testador puede haber dispuesto a favor de otros herederos no necesariamente parientes del causante, o puede darlos en legados, y estos beneficiarios ya no tendrían la calidad de herederos forzosos, y por ello, podrían ser convocados por el testador con el título de herederos, o legatarios, los cuales no tendrían relación familiar alguna con el causante, por ello afirman, que el heredero no necesariamente es un heredero forzoso o van más allá, el legitimario no es heredero.

3.3. LEGÍTIMA PARS HEREDITATIS

La legítima es *pars hereditatis* porque como ya lo tenemos expuesto, ésta no se obtiene solo de los bienes del causante, sino luego de reconstruido el patrimonio hereditario, destacándose en él, que se considera las deudas, y dentro de éstas, no solo las que dejó el causante insolutas, sino también las cargas, que nacen a propósito de su defunción.

Solo cuando el patrimonio hereditario ha sido reconstruido, se pueden obtener las cuotas legitimarias. Estas pueden ser pagadas en especie o, en su defecto, mediante la venta de los bienes de la herencia y la cancelación de la cuota legitimaria en dinero (Lohmann, 2003, p. 316). En efecto, el artículo 859 del Código Civil (1984) señala que "[l]os bienes se adjudicarán en especie a cada uno de los herederos. De no ser posible el valor de las cuotas le será pagado en dinero"; dicho autor menciona que esta forma de pago constituiría una característica de lo que se denomina pars bonorum. Sin embargo, dicha forma de cancelar la legítima no es un indicador de que ésta sea *pars bonorum e incluso el artículo 859 del código civil permite ello.*

Siguiendo a Lohmann, la legítima está constituido por los valores de los bienes y deudas, y pueden ser canceladas en vida del causante, así como que no necesariamente los legitimarios son herederos, pueden serlo personas ajenas al entorno familiar, llamadas por el testador, al haber supuestamente cancelado la legítima.

También se sostiene como parte de esta tesis, que la legítima es un crédito de los legitimarios contra el patrimonio hereditario. Si se quiere ver así, podría considerarse como un crédito, pero ello tampoco justifica que se la convierta en *pars bonorum*. Como se señaló, ese crédito se hará efectivo con especies del patrimonio hereditario o con el dinero resultante de la venta de uno de sus bienes.

La explicación de López y López (1994) es ilustrativa cuando señala que la relación de la garantía del derecho a la herencia con la protección de la familia supone, la vinculación familiar o parental de, al menos parte del patrimonio hereditario. Sin embargo, y contradictoriamente, esta afirmación se realiza por quienes sostienen que la legítima es parte de los bienes porque para ellos, el legitimario no es el heredero o no necesariamente lo es, empero falta los motivos, razones, consideraciones para hacer una afirmación de esta naturaleza.

3.4. LEGÍTIMA PARS BONORUM

Existen diferentes concepciones de la legítima entre quienes la consideran *pars bonorum.* Un sector señala que "[...] la ley concede al legitimario un simple derecho de crédito puramente personal, a pagar en dinero, por una cuantía que se determine según la participación que se le reconozca en el valor del caudal. Por tanto, el legitimario no es heredero ni legatario, sino un simple titular de un crédito, pagadero en dinero por el importe de su legítima" (Pérez Gallardo, 2015, p 75). Mientras otro sector afirma que la legítima se concibe "[...] como parte del activo líquido, pudiendo recibirla los legitimarios por cualquier título, donación o legado, y no necesariamente en concepto de heredero, con derecho a que recaiga sobre bienes integrantes de la herencia" (Bercovitz, 2009, p 414). Entonces, para estos autores, la legítima sería un crédito y su pago se puede hacer mediante donaciones o legados y no necesariamente a título de herederos. Hasta lo que llevamos refiriendo, citando a diversos autores, no solo es poco entendible esta tesis, sino contradictoria con la historia de la legítima.

En el Perú, Lohmann (2003) es partidario de la legítima pars bonorum, lo cual se hace evidente en las críticas que formula a la definición de la legítima del Código Civil y a algunas de sus afirmaciones. El autor señala que "[...] no todos los legitimarios son herederos [...]", " [l]a legítima es de Derecho sucesorio, pero no necesariamente es de derecho hereditario, menos aún forzoso" y "[l]a legítima no siempre es parte del conjunto universal que el causante transmite, ni siempre tiene que ser satisfecha a título de herencia, porque de hecho el ordenamiento permite que pueda satisfacerse a título diferente del de heredero, y no necesariamente se paga con bienes incluidos en la herencia que el causante deja al fallecer" (2003, 315-319). Por otro lado, Pérez, a propósito de la legítima en el derecho romano, señala "Justiniano en su novela 115, modificó profundamente la orientación *pars bonorum* de la legítima, al exigir que las cuotas legitimarias fuesen dejada a título de herencia y no por un título cualquiera" (1989, p. 782)

3.5. CRÍTICA A LA LEGÍTIMA PARS BONORUM

De las opiniones de los juristas citados, se desprende que la legítima *pars bonorum* puede ser otorgada por una vía distinta de la herencia. En el supuesto de que la legítima sea entregada en vida del causante, no tendríamos que referirnos a la herencia porque este no ha fallecido. En otro supuesto, cuando se refieren que la legítima se puede entregar en legados; sobre el particular ello no se condice con nuestra legislación, en la que como sabemos los legatarios solo aparecen en la sucesión testamentaria y son convocados por el testador para beneficiarlos con un bien en particular, y tienen un límite que los legados no pueden superar la cuota de libre disposición; en consecuencia, no estaríamos ante herederos que la reciben en su condición de tales, sino como legatarios, pero ello supone que hayan sido cubiertas las cuotas de los legitimarios.

La tesis de pars bonorum sosteniendo que la legítima se podría pagar en legados, termina siendo un contrasentido, si distinguimos bien al heredero del legatario, y siguiendo al legislador peruano, aun cuando no estemos de acuerdo con ellos, pero lo mencionamos; los legisladores señalan don tipos de sucesores, el sucesor a título universal que es el heredero, y el sucesor a título particular que es el legatario, y ahondando en ello, el legatario, y en esto comulgo con los que sostienen esta tesis, si es un acreedor de la herencia, y su crédito está representando por el bien en particular, bien individual, el mismo que se hará efectivo cuando se abra la sucesión, y los encargados de que se pague ese crédito, en decir la entrega del legado, corresponde a los herederos, en el caso de que no se haya previsto la designación de un albacea.

Si tratamos de seguir la tesis pars bonorum, de que la legítima se puede pagar en legados; ello es contemplado por el legislador peruano, pero supone la no existencia de herederos forzosos y el testador no instituye herederos voluntarios, y decide dejar todos sus bienes en legados; ello es posible, empero debe tenerse en cuenta que la no existencia de herederos forzosos, automáticamente nos releva de la discusión de si la legítima es pars hereditatis o pars bonorum, por lo ya señalado, una herencia en la que no existen herederos forzosos.

Creemos que existe error cuando se señala que la legítima puede ser pagada en legados; primero porque los legados se pagan luego de haberse pagado las deudas de la herencia, enseguida la legítima y por último los legados. El legatario tiene una situación diferente a la del heredero que no sustituye al causante; este es un acreedor de la herencia respecto del bien objeto del legado (como sucedía en el Derecho romano). Por lo tanto si una persona otorga una liberalidad a uno de los llamados herederos forzosos, si lo hace por testamento, no habría problema alguno, y ese legitimario a quien, sin perjuicio de reconocérsele su calidad de tal, recibirá un bien en concreto que sale de la cuota de libre disposición, y tomará el nombre de pre legatario, reuniendo en una sola cabeza dos títulos de heredero forzoso y legatario. Y si la liberalidad, aun cuando se le llame legado, se hace en vida, tendrá la calidad de anticipo de herencia, que puede hacerse con dispensa de colación o sin dispensa.

Los partidarios de la tesis pars bonorum, señalan que la legítima es parte de los bienes porque no la reciben los herederos, sino que toda ella puede darse en calidad de legados; este supuesto y como ya lo hemos señalado cabe en nuestra legislación (artículo 815 inciso quinto), empero ello puede ocurrir solo a falta de herederos forzosos, voluntarios, y por disposición expresa del testador que adjudica sus bienes en legados.

Ahora bien, si los partidarios de esta tesis, se refieren que el testador puede repartir sus bienes en calidad de legados existiendo herederos forzosos, que son los que se beneficiarían con ello, siempre siguiendo a nuestra legislación, ello no sería legados, sino anticipos de herencia, que tienen un trato especial, aun cuando se haya mencionado legados; sobre el particular tener presente lo que señala la norma 735 del CC en su último párrafo, norma que separa al heredero del legatario "...el error del testador en la denominación de uno u otro, no modifica la naturaleza de la disposición"; pero si la liberalidad se otorga a personas ajenas al entorno familiar del causante, ello no estaría reconociendo la tesis de pars bonorum, porque en el supuesto mencionado no estaríamos ante legitimarios y por ende no aplica legítima alguna; esto simplemente se llamaría, si se realizan en vida, donaciones, y si se otorga por testamento, pasarían a ser legados simples.

Cuando se alude a otorgar la legítima en vida del causante, los beneficiarios no son herederos, porque no hay sucesión de persona viva, pero lo serán cuando se abra la sucesión del causante. Así lo señala el artículo 831 del Código Civil a propósito del anticipo de herencia. Además, decir que se recibe la legítima como legado es un contrasentido, lo que si puede ocurrir es que el legitimario termine recibiendo legítima y legado, y en ese supuesto estaríamos ante la ya mencionada figura del pre legatario.

La tesis de pars bonorum considera que los legitimarios no necesariamente son herederos.

Los partidarios de esta teoría señalan que se trata de un crédito de los legitimarios contra el patrimonio del causante, el cual puede hacerse efectivo en especie o dinero. Además, ellos afirman que no necesariamente el legitimario es heredero, porque si la legítima ha sido pagada en vida del causante, no se trataría de una herencia. En efecto, si el causante está vivo no podemos hablar de heredero y si el futuro causante otorga liberalidades a sus futuros herederos se trataría de una donación inter vivos. No obstante, al morir el causante, la ley peruana sí los considera herederos y esas liberalidades serán anticipos de herencia; sobre el particular basta con mencionar lo que consigna el numeral 831 del Código Civil "Las donaciones u otras liberalidades que, por cualquier título hayan recibido del causante sus herederos forzosos, se considerarán como anticipo de herencia para el efecto de colacionarse, salvo dispensa de aquel".

Repárese en el término "considerarán", obviamente alude a un futuro, en tanto que el donante mientras viva, serán simples donaciones, con las reglas de los contratos, en este caso de la donación; ahora ese futuro, se convierte en presente, cuando el donante, hoy anticipante deja de existir, y es en ese mismo momento en donde esas donaciones, ahora se convierten en anticipos de herencia, esto es, el causante en vida adelantó todo o parte de la cuota hereditaria que le corresponde al donatario, hoy anticipado. Por lo tanto los legitimarios siempre serán herederos y forzosos como lo llama la ley.

Tenemos serias discrepancias con la afirmación de que el causante pudo haber pagado la legítima en vida. El Código Civil (1984) prevé dicha figura a la que denomina anticipo de herencia. Esta ocurre cuando fallece el causante y el valor de los bienes o derechos que fueron anticipados, se consideran un adelanto de lo que corresponde al anticipado.

Cuando el causante paga las cuotas legitimarias a favor de los herederos forzosos en vía de liberalidad, el valor a considerar para efectos de la colación, es el valor de los bienes en el momento en que se abre la sucesión y no cuando fueron otorgadas las liberalidades.

Por lo tanto, las cuotas legitimarias no necesariamente deben ser consideradas como pagadas, porque pueden ser menos o aún pueden ser más de las cuotas que les toca recibir al heredero, al reconstruirse el patrimonio hereditario.

Para el Derecho sucesorio cuenta el valor que tenían los bienes cuando ocurrió el deceso. Al abrirse la sucesión del causante, momento en el cual los bienes, derechos y obligaciones se transmiten a sus sucesores, esta debe comprender no solo las liberalidades otorgadas en vida, sino también los bienes y derechos existentes al momento de la muerte.

El patrimonio causado, debidamente reconstruido, corresponde a los herederos forzosos dentro de los límites que establece la ley. Esto con independencia de que el testador haya ejercido el derecho de destinar su cuota de libre disposición en favor de terceros, que no serán legitimarios sino legatarios.

El error en la propuesta de la legítima *pars bonorum* está en presuponer que cuando el causante en vida otorga una liberalidad, lo que hace es pagar la legítima, por lo cual los herederos forzosos ya no deberían participar del caudal relicto. Corresponde preguntarse porqué se supone eso, si los herederos forzosos siguen siendo herederos legitimarios hasta que culmine la comunidad hereditaria; no existe heredero con plazo, lo es desde la muerte de su causante y lo será hasta que termine el proceso hereditario, esto es hasta que concluya la división y partición del patrimonio hereditario, etapa en la que los herederos al recibir su cuota hereditaria se convierten en propietarios individuales de los bienes que recibieron en cancelación de su cuota hereditaria.

El futuro heredero al recibir una liberalidad del futuro causante, y al ocurrir el deceso de éste, se convierte en heredero y esa liberalidad recibida toma el nombre de anticipo de herencia, y como su nombre sugiere, el heredero habría recibido un adelanto de todo o parte de su cuota legitimaria; el valor de esa liberalidad se viene a sumar al importe del caudal relicto que aparece a la muerte del causante, esto es los bienes, derechos que pudieran existir al abrirse la sucesión, en donde obviamente ya no figuran los bienes que fueron entregados en vida del causante.

Para el Derecho sucesorio, lo importante y trascendente es el momento de la muerte del causante, porque desde ese momento, se puede hablar de herederos y legatarios. Antes no es posible dado que no existe la sucesión de una persona viva. Por tanto, lo que el causante otorgó a sus herederos forzosos no fue a título de herencia y por ende, no estaba pagando legítima alguna. Esta recién cobrará vigencia al abrirse la sucesión del causante. De todas formas, el valor de los bienes dados en vida no se ignora, pues la misma ley señala que, al ocurrir la muerte del causante, su valor se considerará como anticipo de herencia.

Se debe tener presente que cuando el futuro causante dona un bien a un heredero forzoso, ese acto jurídico tiene un título y se llama donación, en este estado no hablamos de herencia, empero cuando el causante ya lo es, porque ha fallecido, ese bien donado en vida del causante, la ley recién la considera como un anticipo de herencia, entonces no se puede concluir que al realizarse la donación en vida del causante, ya se ha pagado la legítima, en todo caso, y forzando la figura, podríamos referirnos a un pago de una parte de la legítima, si al abrirse la sucesión, la liberalidad recibida, por el ahora heredero, es menor a lo que le corresponde al reconstruirse el patrimonio hereditario.

Los partidarios de la legítima *pars bonorum* consideran que el legitimario no es o no es necesariamente heredero. Para entender esta propuesta, se traza un imaginario en que el causante en vida ha cancelado las cuotas legitimarias de sus herederos forzosos, por lo que ellos ya no tendrían derechos sobre el caudal relicto. Este se encuentra conformado por los bienes y derechos que aparecen a la muerte del causante.

La concepción detrás de esta afirmación es que como el causante ya cumplió con el pago de las legítimas, está libre de llamar en su testamento a cualquier heredero para beneficiarlo económicamente. De ello surgen derechos de crédito sobre el patrimonio dejado por el causante (caudal relicto), En este caso el supuesto legitimario, porque participa de los bienes relictos no sería heredero; pero si ello fuera así, quizás la propuesta *pars bonorum* tendría alguna razón en que este tiene un crédito sobre el caudal relicto, que sería la cuota fijada por el testador, sin embargo hay un serio error en esta concepción, porque si el futuro causante entregó sus bienes a los que son sus herederos forzosos, y en ese momento queda sin patrimonio alguno y ocurre su deceso, tendríamos que convenir con los que sostienen esta tesis, en cuanto a que la legítima fue pagada en vida del causante, a través de las donaciones realizadas.

Pero en ese supuesto no podría funcionar la tesis de pars bonorum, porque no habría bienes ni derechos, entonces mal haríamos si el testador habiendo anticipado herencia a sus sucesores, diga que los bienes existentes a su muerte los destinará a terceros, porque esos bienes no existen, pero aún en el caso de que al morir el causante existieran bienes y derechos, que sería el caudal relicto, éstos corresponderían a sus herederos forzosos, porque ellos siguen siéndolo. Como lo hemos señalado en líneas precedentes, los herederos mantienen su calidad de tal hasta que termine la comunidad hereditaria, por lo tanto los anticipos de herencia que se suponía calzaban con su cuota hereditaria, no es así, por la existencia de ese caudal relicto, y ello serviría para completar su alícuota.

Entonces lo que cuenta es el momento en que se produce la apertura de la sucesión, y no el momento en que el futuro causante se desprendió de todo su patrimonio por haber cancelado supuestamente las cuotas hereditarias de sus herederos forzosos.

Para todos los efectos sucesorios el momento cumbre para considerar herederos, si fuere el caso legatarios, monto del patrimonio hereditario ya reconstruido, es el momento preciso del deceso del causante. Mientras ello no ocurra, no puede referirse uno a herederos ni legatarios, ni aceptar o rechazar una herencia, como lo dice en forma clara el artículo 678 del Código Civil "No hay aceptación ni renuncia de herencia futura"; de aquí podemos inferir que no es cierto que las cuotas hereditarias dadas en formas de liberalidades, terminen cancelando las porciones hereditarias de los herederos. Todo ello se conocerá cuando ocurra el deceso del ahora causante

Sobre el particular y reiterando lo ya manifestado, debemos tener en cuenta que el heredero no lo es por un plazo determinado, lo es hasta que concluya la comunidad hereditaria; sobre el particular y con términos del Código Civil, el heredero es un sucesor universal, en este caso, del causante, y si ello es así, lo va a ser hasta que la comunidad hereditaria concluya, por lo tanto no hay heredero con término o plazo, y si es así, esos bienes aparecidos a la muerte del causante, esto es el caudal relicto, luego de que supuestamente en vida se hubiera cancelado la cuota hereditaria, en puridad ésta no habría sido cancelada en su totalidad, y por ende esos bienes les correspondería a ellos, y no habría cabida para terceros.

El tema central radica en el patrimonio existente al momento en que se abre la sucesión del causante, y allí la ley peruana, regula los derechos de los sucesores, regulación que no desconoce esos adelantos, pero tampoco debe desconocer los nuevos bienes que aparecen a la muerte del causante, por ello el significado del término suceder, que implica que el heredero entra en lugar del causante, y hace suyo el patrimonio que éste tenía cuando se produce el deceso, como tampoco desconocer los anticipos de herencia, y el término anticipo es muy claro, es un adelanto de todo o parte de la cuota hereditaria que le corresponderá al heredero, y esto es lo que cuestionan los que sostienen la tesis de pars bonorum, con el supuesto de que la legítima ya habría sido cancelada en vida del causante; esto no se sabe hasta que se abra la sucesión del causante, y reconstruido el patrimonio hereditario, recién vamos a conocer, a cuánto asciende la legítima, y si fuere el caso de que efectivamente, la cuota legitimaria hubiere sido cancelada con el anticipo de herencia, incluso en este caso, ese exceso seguirá perteneciéndole al heredero, a través de la figura de la acrecencia, por la calidad de universalidad del heredero, que comprende su derecho expansivo; sobre el particular es pertinente citar el artículo 735 del Código Civil "La institución de heredero es a título universal y comprende la totalidad de los bienes, derechos y obligaciones que constituyen la herencia..."; ahora bien, conocemos que el heredero es un sucesor del causante, y por lo tanto entra en el lugar de él, y hace suyo, los bienes, derechos y obligaciones que fueron del causante y que ahora toman el nombre de herencia, entonces, el caudal relicto que se encuentra a la muerte del causante, también debe pertenecer a los herederos, así se haya pagado la cuota legitimaria al heredero en vida del causante; sobre el particular es pertinente citar a Lanatta cuando se refiere al heredero, en su exposición de motivos y comentarios, tomo V, p 79, cuando señala "...tiene un derecho expansivo del que se deriva la titularidad sobre cualquier bien del que no hubiera dispuesto específicamente el testador o que apareciera después...".

A la luz de nuestra legislación, la propuesta de los partidarios de la teoría *pars bonorum* no se condice con la naturaleza jurídica de la legítima por varias razones.

En primer lugar como se ha señalado la función de la legítima es garantizar la participación de los familiares cercanos y directos en la herencia del causante. Además, según la tesis *pars bonorum,* quienes participarían del caudal relicto serían personas extrañas al entorno familiar del causante, o parientes que no gozan de la calidad de herederos forzoso; esto podría pasar si el causante no teniendo herederos forzosos, llama a su sucesión a los herederos voluntarios, que como sabemos pueden ser personas ajenas al entorno familiar del causante; sobre el particular hay que tener en cuenta el numeral 737 del Código Civil, cuando señala que la no existencia de herederos forzosos, da lugar a que el testador pueda convocar a uno o más herederos voluntarios.

En segundo lugar, las cuotas legitimarias se obtendrían del patrimonio hereditario reconstruido, en que no solo se computa el caudal relicto, sino también las liberalidades otorgadas en favor de los herederos forzosos y, si fuera el caso, de terceros. Recién con ese total contable, se aplicarán las cuotas. Sin embargo ello implica que quienes recibieron del causante en vida su supuesta "cancelación de cuotas legitimarias", tengan que regresar contablemente el valor de esas liberalidades, pues la ley las considera como anticipo de herencia, y con el acervo imaginario, recién conoceremos si esos anticipos cubren sus cuotas o tienen un saldo a favor, que será cubierto con todo o parte del caudal relicto.

Finalmente, la existencia de los herederos forzosos impide la designación de otros herederos que, en este caso, serían los herederos voluntarios (Código Civil, 1984, art. 737). Si el testador, pensando que ha cumplido con el pago de la legítima en vida, designa herederos voluntarios, estos serán considerados legatarios a la luz de nuestra ley y su participación estará encuadrada dentro de la cuota de libre disposición (Código Civil, 1984, art. 735). Si el testador comete un error y usa los términos "heredero" o "legatarios" de forma equívoca, ello no afecta la naturaleza de esas instituciones, conforme lo señala el artículo 735 del Código Civil (1984).

La posición adecuada, sobre la base de las normas de la legislación peruana, es que no pueden coexistir herederos forzosos con voluntarios porque la legítima es exclusiva y excluyente. En esa medida, no es posible considerar a los herederos voluntarios- cuando no hubiera forzosos como legitimarios, porque estos responden al llamado que hace el testador. Él da vida a los primeros mediante un acto de liberalidad, mientras que los segundos deben su derecho a la ley. Por ello, resulta erróneo que se designe a legitimarios no herederos o que un heredero forzoso no sea un legitimario. Solo es posible que el segundo pierda su condición por las causas establecidas en el Código Civil (1984): indignidad (art. 667), desheredación (art. 742) o renuncia (art. 675).

Una pregunta central para el análisis de la legítima, es si la legislación vigente admite la posibilidad de que los legitimarios no sean herederos del causante. Responder a esta pregunta implica abordar algunas ideas previas.

Para la ley peruana son herederos forzosos los descendientes del causante (hijos, nietos, etc.) ocupan el primer lugar en ser legitimarios y, en defecto de ellos, los ascendientes (padres, abuelos, etc.), la cónyuge o el sobreviviente de la unión de hecho. La ley peruana establece condiciones para que estos familiares cercanos al causante tengan derecho a la legítima. Así, se exige a los descendientes que tengan el título de tal, es decir, que la relación paterno filial esté debidamente establecida, ello no conlleva problema alguno para los hijos matrimoniales que gozan de la presunción pater ist. Tratándose de los hijos no matrimoniales, se requiere el reconocimiento o si fuera el caso, la declaración judicial de paternidad.

No entran en la relación de legitimarios, el llamado hijo alimentista (Código Civil, 1984, art. 415) por no haberse establecido la relación filial; sobre el particular recordar que ellos solo tienen derecho de alimentos respecto del varón que tuvo trato íntimo con su madre en la época de la concepción. Sin embargo, por la urgencia y necesidad de los alimentos, el llamado hijo alimentista está presente en el Derecho sucesorio, como carga para los legatarios (artículo 728 del Código Civil), e incluso para los herederos del causante (artículo 417 del Código Civil), así como que nuestro Código consideran esos alimentos, como deuda de la herencia (artículo 874 del Código Civil)

En el caso de los ascendientes, pese a que la ley los menciona como tal, solo lo serán en defecto de los descendientes; por otro lado, no todo legitimario ascendiente va a participar de la herencia, y eso sucede cuando los padres del causante lo son por declaración judicial de paternidad (Código Civil, 1984, art. 412) o por reconocimiento cuando el hijo era mayor de edad (Código Civil, 1984, art. 398).

En el caso del cónyuge, debe existir el matrimonio cuando se abre la sucesión del causante, porque si existe separación legal causal por culpa del cónyuge sobreviviente, no puede participar de la herencia ni gozar de la calidad de legitimario (Código Civil, 1984, art. 343); obsérvese que en el caso del cónyuge a la ley no le interesa la situación fáctica de la pareja, por ejemplo que estén separados por mucho tiempo, pero no han regularizado su situación; en ese supuesto siempre son herederos; sobre el particular el numeral 827 del Código Civil es significativo; en efecto el citado numeral condiciona la herencia de la cónyuge putativa, casada con una persona que estaba impedida de celebrar matrimonio, a la premoriencia de la primera cónyuge, pues si esta sobrevive al causante, quien termina heredando es ella aun cuando estuvieron separados de facto por años.. Entonces, no basta que los descendientes, los ascendientes o la cónyuge lo sean, sino que no deben estar incursos de los supuestos señalados para perder su calidad de herederos y legitimarios.

El que los legitimarios sean familiares muy cercanos al causante y que la legítima tenga un papel asistencial, propicia se les considere con derecho a participar de una parte del patrimonio causado. Sin embargo, no todos los familiares tienen derecho a la legítima. Un ejemplo claro son los parientes colaterales, entre los que encontramos a los hermanos, tíos sobrinos, primos hermanos, tíos abuelos y sobrinos nietos. Ellos tienen parentesco con efectos jurídicos por disposición del artículo 236 del Código Civil (1984), pero no se les considera para la legítima.

En la línea peruana sobre la calidad de herederos forzosos, se encuentran los códigos de Chile y Colombia estableciendo que los herederos son legitimarios. El Código Civil peruano no tiene esa afirmación categórica, pero señala quiénes son los legitimarios (1984, art. 724): los hijos y demás descendientes, los padres y demás ascendientes, el cónyuge y el sobreviviente de una unión de hecho (concubino/a) por disposición de la Ley 30007 (2013, art. 3). Además, si consideramos que existen seis órdenes hereditarios en donde los descendientes, los ascendientes y el cónyuge tienen la prioridad (Código Civil, 1984, art. 16), concluiremos que los legitimarios se consideran herederos privilegiados del causante, porque son los parientes más cercanos al causante y generalmente son los que han vivido con él, y de una u otra forma han ayudado a éste a formar ese patrimonio. Con este mismo criterio es que en sucesión legal, estos legitimarios ocupen los tres primeros lugares en la sucesión legal, tal como nos indica el numeral 816 del código civil.

La legítima se concibe como un soporte económico para los integrantes del grupo familiar, pues reconoce una participación directa o indirecta de ellos en la formación del patrimonio y termina cumpliendo una función alimentaria luego de que el causante fallece, alimentos que en vida, el causante proporcionaba a ellos.

El Derecho sucesorio está concebido para proteger a la familia, y así lo demuestran instituciones como la Representación sucesoria, la misma sucesión legal y por cierto la legítima, todas ellas impiden que el patrimonio salga del entorno familiar, salvo cuando no haya herederos forzosos.

Solo existe un caso en que el Derecho sucesorio protege a un tercero no heredero: el hijo alimentista. Este no ha sido reconocido ni declarado judicialmente, pero existe una presunción de paternidad, solo con efectos alimentarios, porque se probó el trato íntimo de un varón, hoy el causante, con la madre en la época de la concepción.

Tal como ya lo hemos mencionado, si bien el hijo alimentista no es heredero del causante, se establecen las siguientes disposiciones: (i) la obligación de los herederos de cubrir sus alimentos cuando el mal llamado hijo alimentista exista a la muerte del causante (Código Civil, 1984, art. 417); (ii) la afectación de la cuota de libre disposición (Código Civil, 1984, art. 728), de tal modo que si el testador instituyó un legatario para beneficiarlo económicamente, su legado se verá amenguado o desaparecido para cumplir primero con los alimentos del hijo alimentista; y (iii) la calificación de los alimentos como deuda de la herencia, lo que implica la prioridad en su satisfacción (Código Civil, 1984, art. 874).

Porque decimos mal llamado hijo alimentista, por cuanto el extramatrimonial, solo tiene dos vías para establecer una relación paterno filial; el reconocimiento o la declaración judicial de paternidad; en el caso del alimentista no ha ocurrido ello, y su derecho de alimentos se basa en presunciones de paternidad.

En conclusión, no tiene sentido considerar a un extraño del causante como legitimario porque la ley solo protege a los familiares más cercanos, no a extraños. Ello no significa limitar al causante, porque él puede favorecer a un extraño en vía testamentaria, usando su cuota de libre disposición; en este caso nos encontramos con la figura del legatario, y su derecho no nace de la ley, sino del testador, favoreciéndolo con un beneficio económico, cuyo límite es la cuota de libre disposición. .

Además, si el causante no tiene familiares con calidad de herederos forzosos, tiene libertad irrestricta para disponer de su patrimonio y puede instituir herederos voluntarios dentro de los cuales pueden estar los familiares no legitimarios como los parientes colaterales, o puede ser una persona ajena al entorno familiar del causante, o si fuere el caso, no instituye herederos voluntarios, y dispone de los bienes y derechos a favor de legatarios.

3.6. LA LEGÍTIMA Y LAS NORMAS DE ORDEN PÚBLICO

El artículo 4 de la Constitución alude al deber del Estado de defender a la familia y, en atención a ello, la mayoría de normas sobre los derechos de la familia o de sus integrantes deben ser de obligatorio cumplimiento, sin dejarlas al arbitrio de las personas.

En este orden se ubica la legítima como una institución que protege a los familiares cercanos del causante, al reservarles una parte del patrimonio, establecer la obligación de cumplir con la reserva y contemplar normas en caso de incumplimiento para revertir la situación. Por ello, no existe la posibilidad de que se pacte en contra de la legítima o que ésta se deje de cumplir. Todo está en función de lo parientes cercanos y directos del causante, a quienes la ley protege al designarlos como herederos forzosos. Si ello es así, no es posible ubicar a legitimarios no parientes del causante como beneficiarios de la legítima, tal como se pretende en la tesis *pars bonorum.*

De este modo, el Derecho sucesorio descansa principalmente en el Derecho de familia y, en particular, en el parentesco. Por ello, en la sucesión intestada, se establecen seis órdenes de herederos legales, donde todos tienen nexo familiar a excepción del cónyuge o del sobreviviente de la unión de hecho. Lo mismo sucede con la institución legitimaria, aplicable tanto en la sucesión intestada como en la testada, al establecer legitimarios, descendientes, en defecto de ellos, ascendientes, y cónyuge o sobreviviente de la unión de hecho.

Entonces podemos inferir que el Derecho sucesorio defiende a los integrantes del grupo familiar, no a extraños a la familia. Sin embargo, cuando los primeros no existen, el causante puede convocar a los segundos bajo el título de herederos voluntarios o puede instituir legatarios al adjudicarles bienes específicos en sede testamentaria.

Tal como ya lo hemos mencionado, los partidarios de la legítima pars bonorum afirman que el legitimario no necesariamente es heredero, e incluso van más allá al afirmar que los legitimarios no son herederos, por lo tanto, los legitimarios podrían ser extraños a la sucesión. Sin embargo, nuestra posición, al igual que la de los Códigos de Colombia y Chile, es que los legitimarios son herederos. Si el causante no tiene herederos forzosos, la legítima no se aplica porque estamos ante la libertad irrestricta de testar, la cual permite que el causante instituya herederos voluntarios o legatarios.

La ley protege a los legitimarios, más cuando no los hay, el causante es libre de disponer de su patrimonio como mejor le parezca. Por ello, en la situación mencionada, no hay restricciones a la facultad del causante de disponer, a título de liberalidades, de los bienes que le pertenecen.

El artículo 737 del Código Civil (1984) señala que, ante la falta de herederos forzosos, se pueden instituir uno o más herederos voluntarios. En este caso, el testador no tiene limitaciones legales y puede disponer de su patrimonio como mejor le parezca, y al instituir herederos voluntarios, puede establecer la parte del patrimonio que les otorga o todo el patrimonio. Si ello no hubiera ocurrido, según la norma, todos los herederos voluntarios recibirán cuotas iguales.

Estos pueden ser personas ajenas al entorno familiar o parientes del causante que no tienen la calidad de herederos forzosos, como los colaterales. Sin embargo, no se les puede llamar legitimarios porque las porciones o cuotas que reciban lo harán en mérito al llamado del testador para beneficiarlos económicamente.

El Código Civil no establece límites para ello, sino que el testador los incluye si lo considera conveniente. En conclusión, los derechos hereditarios nacen de la voluntad del testador cuando no existen herederos forzosos; por tanto, no cabe hablar de legitimarios no forzosos, pues sería contradictorio.

El afirmar que los legitimarios no necesariamente son herederos y menos forzosos, es desconocer el fin de la legítima. A esto se suma que la finalidad del Derecho sucesorio es garantizar el soporte económico de la familia, tal como lo refiere Revoredo, "[...] el derecho de sucesiones debe cumplir principalmente una función económica de protección familiar" (1980, p. 682).

Entonces se puede concluir que la referencia a los legitimarios comprende a los herederos forzosos. Es cierto que denominarlos forzosos invita a pensar, de forma errónea, que deben aceptar la herencia forzosamente por mandato de la ley. Ello no es así, pues se desconocería el *ius delatione*, la opción de todo sucesor de aceptar o renunciar a una herencia.

Concluyendo con este tema, si existen legitimarios, la ley los defiende con normas que tienen la categoría de orden público, es decir que no hay libre albedrío en los causantes, su obligación es cumplir con la defensa de los llamados herederos forzosos.

3.7. LA INSTITUCIÓN DE LA COLACIÓN Y LA LEGÍTIMA

Reforzando la tesis pars hereditatis, traemos al tema la figura de la colación, la cual prevé un anticipo de herencia que comprende las liberalidades otorgadas por el causante en vida a sus herederos forzosos.

El fin de esta institución es que el receptor de una ventaja económica, no reciba más que otro heredero de la misma clase y condición. Por ello, el valor de la liberalidad regresa contablemente a la masa hereditaria para reconstruir el acervo sucesorio, y se imputa a la cuota del que recibió la ventaja económica. Así se logra que todos los herederos forzosos reciban cuotas iguales, es decir, que exista equidad entre ellos por estar en la misma situación.

Sin embargo, esta finalidad no se aplica a terceros ajenos al entorno familiar tal como lo sostiene la tesis de la legítima *pars bonorum*, al considerar que los legitimarios no necesariamente tienen que ser herederos del causante e, incluso, pueden serlo personas ajenas a su entorno familiar.

Si el causante hubiera otorgado una liberalidad a un "legitimario no heredero" usando los términos de la tesis pars bonorum, y existieran herederos forzosos en la sucesión, aquella no podría colacionarse. La legislación peruana establece con claridad quienes son los herederos forzosos, y el anticipo de herencia solo cabe entre ellos y, por ende, la colación. Por tanto, la liberalidad otorgada al tercero no legitimario debería encuadrarse dentro de los alcances del artículo 1629 del Código Civil (1984), el cual señala que "[...] nadie puede dar por vía de donación más de lo que puede dar por testamento". Este se complementa con el artículo 1645 donde se establece que, si las donaciones exceden la porción disponible de la herencia, el exceso se suprime o reduce porque afecta a los herederos forzosos. Según legislación peruana, la colación no cabría entre los legitimarios no herederos. De este modo, las disposiciones sobre la colación, abonan a la tesis de que los legitimarios tienen que ser herederos del causante.

En cuanto a los otros familiares del causante, el Código Civil (1984) se ocupa de regular el derecho que tienen los parientes colaterales, estableciendo un orden para su llamado a la herencia (art. 816). Incluso, ellos pueden ser convocados por el testador a título de herederos voluntarios cuando no existan los forzosos (art. 737). Esto tiene relación con las características de la legítima, que es exclusiva y excluyente.

En atención a lo señalado al hacer el distingo de la legítima como *pars hereditatis* contrastándola con la legítima *pars bonorum,* decimos que las características de una y otra son diferentes.

3.8. CARACTERÍSTICAS DIFERENCIADAS DE LA LEGÍTIMA PARS HEREDITATIS Y PARS BONORUM.

La institución legitimaria tiene como fin proteger a los familiares cercanos y directos del causante. Por ello, no todos los parientes son legitimarios, solo los más cercanos y directos, como los descendientes, los ascendientes y el cónyuge o el sobreviviente de la unión de hecho. En nuestro sistema jurídico, el fin de regular la legítima y la sucesión en general es garantizar el soporte económico de la familia.

La legítima está regulada en el Derecho sucesorio, como una institución aplicable tanto a la sucesión legal como a la testamentaria. En el primer caso pese a que el artículo 816 establece seis órdenes de herederos legales, solo pueden ser legitimarios los tres primeros órdenes, esto es los descendientes, en defecto de ellos los ascendientes y el cónyuge o concubino(a); y, en la sucesión testamentaria ocurre los mismo, solo pueden ser legitimarios los descendientes, los ascendientes y el cónyuge del causante o el concubino.

Es indudable que existe una estrecha relación entre el Derecho sucesorio y el Derecho de familia. Esto se evidencia en el caso de los herederos legales de la sucesión intestada, porque quien no es pariente del causante, no hereda. Las excepciones están referidas al cónyuge porque su fuente de herencia es el matrimonio, y al sobreviviente de la unión de hecho, porque su derecho descansa en la familia formada por esa unión estable y permanente.

Las cuotas legitimarias se obtienen, luego del deceso del causante, mediante la reconstrucción del patrimonio hereditario al que se deducen las deudas y se le adicionan las liberalidades otorgadas en vida. La ley peruana reconoce que el causante puede otorgar liberalidades a sus herederos forzosos. Lo hace bajo la figura del anticipo de herencia cuando se abre la sucesión del causante para los efectos de la colación.

Los partidarios de la legítima *pars bonorum* admiten que ésta sea pagada en vida del causante. Nosotros no discrepamos de esta afirmación, porque en la práctica, el causante puede haber entregado sus bienes a sus futuros herederos e incluso se haya desprendido de todo su patrimonio, empero discrepamos del término "pagado la legítima en vida del causante", pues el patrimonio hereditario y las cuotas legitimarias recién se conocerán al abrirse la sucesión.

Ahora si ello hubiera ocurrido y al abrirse la sucesión no existiera herencia, diríamos que, en efecto, la legítima fue pagada. Sin embargo, si se han otorgado liberalidades a los que más adelante tendrán la calidad de herederos forzosos y al abrirse la sucesión del causante, éste ha dejado bienes y derechos, no puede concluirse que la legítima ha sido pagada en su totalidad. Los herederos forzosos también tendrían derecho sobre esos bienes porque, en el Derecho sucesorio, lo determinante es el momento en que se abre la sucesión. Solo en este estado se podrá saber, con la reconstrucción del patrimonio, si aún se debe la legítima, empero si se confirma que la legítima fue pagada, también esos bienes pertenecerán a los herederos, que gozan de la calidad de herederos universales que les da derecho a que éste se expanda y una de las formas de expandirse es la acrecencia que está regulada en el artículo 774 del Código Civil..

Los partidarios de la legítima *pars bonorum* señalan que ésta puede ser cancelada a título de legatario y no de heredero. Ello quiere decir que cada uno de los herederos forzosos recibe bienes en cancelación de su cuota, pero bajo la figura de legados. Sin embargo, y como ya lo hemos señalado, dicho supuesto no cabe en la normatividad peruana, porque los legados se obtienen de la cuota de libre disposición, que es su límite. Si el causante distribuyera su herencia adjudicando bienes específicos a sus herederos mediante testamento –lo que no es raro–

estaría individualizando los bienes en cancelación de las cuotas hereditarias. Así es regulado por el Código Civil (1984) en el artículo 852, a propósito de la partición testamentaria, cuando señala "[...] no hay lugar a partición cuando el testador la ha dejado hecha en el testamento, pudiendo pedirse en este caso, solo la reducción en la parte que excede lo permitido por la ley". Según esta disposición, si a un heredero se le adjudicó un bien cuyo valor no alcanza la cuota que le corresponde, se pedirá a otro heredero que haya recibido bienes superiores a su cuota, la reducción del exceso.

En todo caso, no hay forma de que en nuestra legislación, que tiene bien claro la diferencia entre heredero y legatario, pueda cancelarse la legítima en legados.

CAPÍTULO IV

Debate sobre la supresión o mantenimiento de la legítima

4.1. PRELIMINARES

La muerte de una persona abre su sucesión (causante) y se produce el llamamiento de sus sucesores (personas que entran en su lugar). La convocatoria puede hacerla el causante vía testamento o, en defecto de ella, la ley termina convocándolos sobre la base fundamentalmente del parentesco.

Sobre el particular hay que desterrar la creencia de que basta el parentesco para ser heredero, eso no es así. El parentesco es la base para ser heredero, sin embargo se requiere tener el título de tal para reclamar los derechos que tiene todo sucesor, y ello se logra a través de un testamento, en donde el testador instituye al heredero, y si no hubiere testamento, debemos recurrir a la sucesión intestada, más conocida como declaratoria de herederos, la misma que se puede obtener a través de la vía judicial en un proceso no contencioso, o a la vía notarial o administrativa, es decir la alcaldía.

Al producirse su deceso, el causante deja de ser sujeto de derecho, empero el patrimonio que formó en vida y las relaciones jurídicas que generó no se extinguen. Lo que ocurre es un cambio de titularidad en que los sucesores pasan a ser los titulares de ese patrimonio.

Los sucesores generalmente son los familiares del causante. El parentesco tiene un papel importante; ahora bien para conocer los lazos familiares, la cercanía entre éstos, el legislador ha generado una norma que es importante no solo para el Derecho de familia y Derecho sucesorio, sino también para otras ramas del Derecho, nos estamos refiriendo al artículo 236 del Código Civil que describe el parentesco.

En este artículo se distingue las relaciones familiares, dividiéndolas entre línea, rama, grado. La primera nos señala que son parientes en línea recta, porque todos ellos descienden unos de otros, así tenemos al hijo, padre, abuelo, bisabuelo, tatarabuelo; a esta relación familiar la llamamos rama ascendente, mientras que si tomamos la figura del padre, hijo, nieto, biznieto, tataranieto estaremos con los parientes en línea recta descendente.

Para el Derecho sucesorio, es importante esta división en la línea recta, la cual a su vez es dividida en ramas, que como podemos observar es ascendiente y descendiente, y lo es porque en una sucesión, la rama descendente excluye sin excepción alguna, a la rama ascendente.

Pero no solo existe la línea recta, sino también la línea colateral, esta última une a los parientes porque todos descienden de un mismo tronco, así los hermanos, los tíos, sobrinos, y primos. En el Derecho sucesorio, la línea recta prima sobre la colateral, ésta entra en defecto de la recta.

En cuanto al grado, que es la distancia que existe entre parientes; el grado que tiene presencia en las dos líneas, y así, el pariente más próximo en grado al causante, excluye al más remoto, regla que tiene una excepción, la llamada representación sucesoria, en donde coinciden en una sucesión parientes más cercanos al causante con otros más lejanos, en la medida que el pariente más cercano al causante es inhábil para heredar y tiene descendientes, entonces éstos ocupan el lugar y el grado de parentesco del inhábil, y concurren con los parientes más cercanos al causante, a esta figura la llamamos Representación Sucesoria..

La herencia no solo se basa en el parentesco, en tanto que también son herederos el cónyuge o si fuera el caso el sobreviviente de la unión de hecho. La base en que descansa la herencia en estos casos, es que ambas generan familia; en el primer caso el matrimonio y en el segundo, la unión de hecho; estas dos formas de fundar familia, son fuentes generadoras de derechos y deberes, y dentro de los primeros está el derecho a heredarse entre sí.

Dentro de este parentesco sumariamente descrito, destacan para el análisis de la legítima, los parientes en línea recta descendente, los mismos que ocupan el primer lugar en la sucesión intestada, y en la testada son llamados herederos forzosos, es decir los descendientes del causante y en defecto de ellos los ascendientes. Se suman a ellos el cónyuge, o si fuere el caso el sobreviviente de la unión de hecho..

Como es de observarse no todos los parientes del causante son legitimarios, por ejemplo no lo son los parientes colaterales. Si el causante no tiene herederos forzosos, puede disponer de su patrimonio en favor de quien designe voluntariamente. En ese caso, la institución de la legítima no tiene implicancias en la decisión del causante respecto de la disposición de sus bienes.

En otro escenario, si el causante tiene herederos forzosos también llamados legitimarios, éstos tienen el derecho de concurrir a la sucesión por mandato expreso de la ley. Es un derecho más no es una imposición, porque la doctrina sucesoria tiene una institución llamada Delación, que significa la opción para aceptar o renunciar a una herencia, por lo tanto es una invitación a la confusión, denominarlos herederos forzosos, como si imperativamente tienen que aceptar la herencia. Aquí sugerimos cambiar el nombre de forzosos, por otro que puede ser legitimarios, o herederos necesarios como ocurre en otras legislaciones del continente.

Si el causante no hubiera testado, lo que ocurre de ordinario, entra a tallar la sucesión legal o intestada. En ese caso, el parentesco es vital porque quien no es pariente del causante no hereda; se exceptúa de esta regla el caso del cónyuge o sobreviviente de la unión de hecho, que si son herederos del causante, y concurren con los descendientes del causante, y si fuere el caso también se da la concurrencia con los ascendientes del causante, que serían sus suegros, parientes afines entre sí, siendo una excepción en nuestra legislación, en tanto que entre parientes afines no se genera derecho entre ellos, pero como vemos en sucesiones si se da esta posibilidad.

En conclusión la sucesión se da en nuestro país, generalmente en favor de los familiares del causante. La pregunta es porque en la sucesión testamentaria y también en la intestada, solo los familiares cercanos y directos (legitimarios) son convocados por la ley y tienen una reserva del patrimonio del causante. En el presente trabajo buscamos dar respuesta a esa pregunta al estudiar la institución de la legítima. Pero queda claro que desde sus orígenes hasta la actualidad la legítima sucesoria solo tiene presencia dentro de los familiares del causante.

4.2. LEGÍTIMA EN SEDE TESTAMENTARIA E INTESTADA

La institución legitimaria está regulada en el título correspondiente a la sucesión testamentaria del Código Civil (1984), pero también tiene presencia en la sucesión intestada. El Código define a la legítima, como la *parte de la herencia* de la que el testador no puede disponer libremente si tiene herederos forzosos. Sobre la base de ello, se define quiénes son los legitimarios, cuáles son sus cuotas, y cómo es su concurrencia, exclusión y participación.

En el presente capítulo, abordamos las tesis doctrinarias contrapuestas, sobre la permanencia o supresión de la legítima. En primer lugar, abordaremos las tesis que propugnan la supresión de la legítima, las cuales advierten que no es necesaria, porque la realidad demuestra que en la mayoría de casos los herederos forzosos, cuando ocurre el deceso del causante, no se encuentran en estado de necesidad y por ende no cumple su función social de atender a familiares necesitados. Además la legítima termina siendo un obstáculo para el libre mercado, pues esa reserva legitimaria patrimonial entraría en una suerte de congeladora, y que no formaría parte del mercado. A ello se sumaría que violenta normas constitucionales como el derecho a la libertad y a la propiedad.

Luego describiremos los argumentos de la tesis que propugna la permanencia de la legítima. Esta se basa principalmente, en la defensa de la familia y en particular los parientes dependientes del futuro causante, quien cumple con un deber sagrado como es el de los alimentos, y en general porque se cumple el fin de la sucesión, esto es, dar un soporte económico a la familia, ello en concordancia con el artículo cuarto de la Constitución peruana, que impone el deber del Estado de proteger a la familia.

Sin embargo reconocen que tal como está regulada la legítima, no puede seguir así, y requiere de cambios sustantivos en función de que ya no nos encontramos como antaño, con la familia nuclear exclusiva, sino que han aparecido otras formas de familia, como la monoparental, las uniones de hecho, las ensambladas, y todas ellas no necesariamente terminan compatibilizando con la legítima, lo mismo ocurre con los legitimarios que a la muerte del causante no se encuentran en estado de necesidad, y por tanto no requieren ser asistidos, y por ello pierde sentido la legítima; por ello se propone una serie de cambios que desarrollaremos.

4.3. TESIS QUE ABOGAN POR LA SUPRESIÓN DE LA LEGÍTIMA

Las consideraciones que abogan por la supresión de la legítima, descansan principalmente en el argumento constitucional de que no se pueden vulnerar los derechos a la libertad y a la propiedad, pues son cimientos de toda sociedad organizada. En efecto, la Constitución reconoce como derechos de la persona, la libertad y la propiedad, y junto a esta última, la herencia (1993, art. 2, inc. 16). No es casualidad que estos dos derechos (propiedad y herencia) hayan sido incluidos en un mismo inciso. Por un lado, entre los atributos de la propiedad está la disposición y una de las formas en que esta se manifiesta es la sucesión. Esta consiste en la transmisión de bienes, derechos y obligaciones que fueron del causante a favor de los sucesores. La sucesión que ocurre ante el deceso de una persona, presupone la titularidad sobre este patrimonio, es decir, la propiedad sobre los bienes y derechos que tuvo el causante, y que ahora se van a transmitir a favor de sus herederos.

La Constitución peruana al referirse a la herencia, lo hace en forma genérica, al igual que lo hace la Constitución del Brasil de 1988. Esta última lo establece en el capítulo I artículo 5 bajo el título "De los Derechos y Garantías, inciso XXX "El derecho a la herencia está garantizada". Por su parte nuestra Constitución peruana señala que "[t]oda persona tiene derecho a la propiedad y a la herencia" (art. 2, inc. 16).

Se debe entender que el término herencia es genérico y comprende el patrimonio hereditario, es decir el conjunto de bienes, derechos, y también las obligaciones insolutas cuando se produce la apertura de la sucesión. Además cuando empleamos el término herencia también nos referimos a los herederos, a los que se suman los legatarios. En general hablar de herencia es referirse al proceso hereditario de una persona que acaba de fallecer, y las normas para establecer la concurrencia o exclusión entre los herederos, señalar las alícuotas y demás normas que inician la sucesión y su conclusión. Es decir el inicio de la comunidad hereditaria y su fin, a través del proceso de división y partición.

Como ya se ha dejado establecido, el causante pudo haber testado y hacer uso de las facultades que la ley concede, por un lado el derecho a disponer de su patrimonio e, incluso, a ordenar asuntos netamente personales para después de su muerte. Si no hubiera testamento, es la ley quien llama a los sucesores, y en este caso, todo el patrimonio se transmite a los herederos legales, en el orden que establece el artículo 816 del Código Civil.

Por otro lado, los sucesores tienen derecho a recibir el patrimonio que fue de su causante vía el testamento o, en su defecto, por disposición de la ley sobre la base del vínculo familiar que los une y que la sucesión intestada les genera el título de herederos.

Este parentesco termina siendo el sustento de la institución de la legítima a favor de los herederos forzosos y es el referente para establecer el orden preferencial hereditario.

El desarrollo constitucional de la propiedad la encontramos en el Código Civil (1984), donde se define como el poder jurídico de usar, disfrutar, disponer y reivindicar un bien (art. 923). Estos atributos, entre los que sobresale el derecho a disponer a título de liberalidad, son limitados ante la presencia de la legítima: lo mismo ocurre cuando el titular va a testar y tiene herederos forzosos o legitimarios. En este supuesto, solo se permite que el causante disponga libremente de una parte de su patrimonio, más no del todo. La restricción al *ius disponendi* solo se produce cuando se trata de liberalidades, más no cuando la disposición es onerosa.

Los partidarios de la supresión de la legítima, no solo se limitan a proponer la prescindencia de ella, sino de todo derecho que termine restringiendo la libre disposición de los bienes, por ello también se oponen al derecho de habitación vitalicio a favor del cónyuge supérstite, al patrimonio familiar, figuras éstas que limitan la disposición del inmueble donde habita la familia; también ven con desagrado como el usufructo de un bien, termina siendo un bien social, en el caso de la sociedad de gananciales.

La idea que subyace en esta radical postura, es que se atenta contra la libertad de disponer de los bienes, y con ello se genera un obstáculo para el libre mercado, porque ello es un freno al comercio.

Una de sus preocupaciones radica en la existencia de la institución de la legítima, las razones de la misma y la lesión de otros derechos constitucionales, como los de propiedad y libertad. Otra preocupación es que, como consecuencia de lo anterior, se dificulte la libre circulación de la riqueza, la cual se consigue con el derecho de los propietarios de disponer de sus bienes como mejor les parezca. Finalmente, se alude a casos en que la legítima no tiene razón de ser, en tanto que un buen número de los herederos forzosos, se encuentra en una situación económica favorable que no justifica su participación obligatoria en la sucesión del causante. Esto en el entendido de que la legítima debería cumplir un papel de socorro o un deber de solidaridad familiar que no la encuentran en un gran número de casos.

Estamos ante un conflicto de normas de orden constitucional. El Estado debe proteger a la familia, institución en la que se desenvuelve la legítima, al considerar a los familiares cercanos y directos del causante como titulares del derecho de una parte de su patrimonio. Sin embargo, se señala que la legítima estaría atentando contra la libertad porque termina imponiendo al causante una conducta que no necesariamente responde a su voluntad, como son las restricciones al derecho de disponer de su patrimonio. Además, se afectaría la propiedad, en particular la facultad de disposición, pues las restricciones constituyen un obstáculo al comercio y a la libre contratación. Incluso se añade, como ya lo hemos señalado, que en muchos casos, la legítima no termina cumpliendo sus fines de protección y socorro, como si ocurre con los alimentos, los mismos que solo son concedidos cuando el que los solicita se encuentra en estado de necesidad.

Interesa desagregar estos argumentos que pretenden suprimir la institución de la legítima para comprobar o no, su solidez, y pertinencia de su propuesta.

4.3.1. La legítima atenta contra los derechos de la persona

Señalan a la legítima como una institución que vulnera derechos de la persona; se refieren a la libertad y la propiedad. En efecto, la Constitución peruana (1993) define el primero como un derecho fundamental, quizás el más importante después del derecho a la vida. Asimismo, esta menciona el derecho a la propiedad, que es recogido junto con la herencia como derechos de toda persona (art. 2, inc. 16).

En cuanto al derecho a la libertad; la Constitución peruana contiene una diversidad de normas referidas a la libertad. Así, en el artículo 2 se alude a diferentes libertades: libertad de conciencia y religión (inc. 3); libertad de información, opinión, expresión y difusión del pensamiento (inc. 4); libertad de creación intelectual, artística, técnica y científica (inc. 8); libertad y seguridad personales (inc. 24); y libertad personal (inc. 24, lite. b). Además, existen otras en diversos artículos constitucionales, como la libertad de enseñanza y educación (art. 13); la libertad de cátedra (art. 18); la libertad sindical (art. 28, inc. 1); la libertad de comunicación internacional (art. 54); la libertad de empresa, trabajo, industria y comercio (art. 59); y la libertad de contratar (art. 62).

Si bien no existe una definición normativa en qué consiste la libertad, para efectos del presente texto, consideramos que estamos ante un derecho que deriva de la dignidad del ser humano, como ser pensante, en que su voluntad de actuar no debe tener restricciones. Se trata de una opción de vida, en todo orden de cosas, de decidir por sí mismo sobre el desarrollo de su existencia. La libertad con responsabilidad no debe tener limitaciones; sin embargo, una libertad que no comprenda responsabilidades por la conducta del sujeto, llevaría al libertinaje.

En esa medida, en el ámbito del Derecho sucesorio, la libertad la veremos reflejada, por ejemplo, en el derecho de testar, aceptar una herencia, pedir el reconocimiento de su calidad de heredero, ejercer el derecho de habitación o solicitar colación.

Esta libertad se encuentra en riesgo en la legítima pues, por el derecho a la libertad, el causante debería tener la facultad de decidir sobre la disposición de su patrimonio sin restricciones. El atentado contra ella sería la imposición legal de que el causante no pueda decidir sobre la disposición de su patrimonio, y esté condenado a reservar una parte a favor de los designados como legitimarios.

El atentado contra la libertad consistiría en imponer una conducta al causante sobre su patrimonio, al obligarlo a considerar a los herederos forzosos dentro de sus beneficiarios,. En esa medida, la normatividad que gobierna la legítima sería inconstitucional, porque no se estaría respetando la libertad del titular del patrimonio (disponer de él según su voluntad). Entonces, debería existir una razón que trascienda el ámbito individual y se ubique en el ámbito del interés social, para poder limitar la libertad de disposición del patrimonio. Los detractores de la legítima señalan que no existe esa razón; solo se crea por imposición legal.

En nuestra Constitución, se encuentra el derecho a la libertad para que el ser humano pueda dirigir su voluntad sin restricciones a fin de profesar una fe religiosa; expresarse y difundir su pensamiento; trabajar; realizar una creación intelectual, artística o técnica; contratar; o sindicalizarse. Si ello es así y, como producto del trabajo, creación intelectual o contratación se generan recursos para formar un patrimonio propio, la libertad que nos permitió ello también debería traslucirse en la libre disposición del patrimonio, sin interferencias ajenas, legales o de cualquier otra índole. Si las hubiera (la legítima restringe la libre disposición), estaríamos ante un atentado contra la libertad de la persona respecto de las decisiones sobre el gobierno de su patrimonio.

No les faltaría razón a los que, basándose en la libertad, se oponen a la existencia de la legítima. En ese sentido, Bolaños Rodríguez afirma que sin libertad los derechos de propiedad privada no funcionan (2014, p. 158). Para contestar esa posición, debería encontrarse argumentos que, basándose en la utilidad social de la institución, pueda defenderse la restricción a esa libertad.

En cuanto al derecho a la propiedad, la Constitución peruana (1993) no solo reconoce el derecho a la propiedad como un derecho fundamental (art. 2, inc. 16), sino que también alude a él en estos términos: "El derecho de propiedad es inviolable. El Estado lo garantiza. Se ejerce en armonía con el bien común y dentro de los límites de la ley. A nadie puede privarse de su propiedad sino, exclusivamente por causa de seguridad nacional o necesidad pública, declarada por ley, y previo pago en efectivo de indemnización justipreciada que incluya compensación por eventual perjuicio [...]" (art. 70). Además, el Código Civil (1984) señala que "[...] la propiedad es el poder jurídico, que permite usar, disfrutar, disponer y reivindicar un bien. Debe ejercerse en armonía con el interés social y dentro de los límites de la ley" (art. 923). En estas disposiciones, se pueden observar las potestades que entraña la propiedad, dentro de las cuales, quizás la más importante es la referida a la disposición.

Se trata de una prerrogativa que faculta al titular de unos bienes a transferir, vender o donar, es decir, desprenderse del bien sin solicitar la autorización de nadie. Este derecho de propiedad y los atributos que encierra terminan siendo garantizados por el Estado en el nivel constitucional. Una institución que restrinja los atributos de la propiedad termina lesionando y violentando un derecho reconocido constitucionalmente, y, por ende, debería cesar.

En el Perú, tanto la norma constitucional como la legal establecen que la propiedad debe ejercerse dentro de los límites de la ley. Por tanto, no cabe que su ejercicio lesione derechos de terceros, pues el derecho de uno termina donde comienza el derecho de los otros. El Código Civil (1984) es el que brinda los alcances de su ejercicio, así como las limitaciones en determinados supuestos. Un ejemplo de ello es el régimen económico de la sociedad de gananciales, contemplado en el Derecho de familia. Este dispone que los frutos, rentas y productos generados de los bienes propios de uno de los cónyuges no le corresponden en exclusividad al titular como debería ser, si interpretamos literalmente el derecho de propiedad, usar y disfrutar, sino que pertenecen a la sociedad conyugal integrada por los consortes. La razón de ello es que predomina el interés familiar antes que el individual.

Otro ejemplo de límites al ejercicio de la propiedad está en el artículo 1629 del Código Civil (1984), cuando señala que nadie puede dar por vía de donación más de lo que puede disponer por testamento. Esta norma complementa el derecho a la legítima porque, en este supuesto, la afectación radica en la facultad de disposición contenida en el derecho de propiedad, en la modalidad de liberalidad. En consecuencia, por más propietaria que fuere la persona, no puede desprenderse de todo su patrimonio a título de donación si tiene parientes con la calidad de herederos forzosos. La ley dispone esta restricción con el fin de proteger intereses familiares, al igual que ocurre con los bienes propios dentro de una sociedad de gananciales.

Como puede apreciarse, el ejercicio de la propiedad debe estar encuadrado dentro de los límites que establece la ley y ejercerse en armonía con el bien común (Constitución Política, 1993) o el interés social (Código Civil, 1984). Además, la propiedad debe ejercerse respetando los derechos de los demás, por lo que se establece una suerte de limitación encubierta cuando se regula el abuso del derecho. En todos estos casos, existen razones de interés social que justifican las limitaciones.

Se puede comulgar con la restricción a la libre disposición de los bienes por razones de defensa de derechos fundamentales, como la vida.

Es el caso de los alimentos que están garantizados a través de normas, las cuales permiten el embargo de los bienes del obligado e, incluso, su remate, o establecen la exigencia de una garantía real, prenda o hipoteca cuando existe una resolución que demanda el pago de alimentos y hasta la privación de la libertad.

Sin embargo, esta misma razón no se encontraría en el caso de la legítima, que termina atentando contra el derecho privado de la propiedad. No existe una justificación para imponer al causante la restricción sobre sus bienes. Debido a las facultades otorgadas por la propiedad, él puede, en uso de su libertad y en ejercicio de su titularidad, disponer de su patrimonio como le parezca. No es satisfactorio que se haga descansar la existencia de la legítima en los alimentos porque, como se señala, éstos se encuentran garantizados por otro tipo de normas.

Por la propiedad, el titular de los bienes tiene los derechos que la Constitución y la ley le confiere, como es la disposición. Se trata de una suerte de ejercicio pleno de la libertad sobre la administración de aquellos. En esa medida, tendría que existir como ya lo hemos mencionado, una razón poderosa y socialmente justificable para restringir la disposición. Por ello se cuestiona, con razón, si las limitaciones que impone la ley en el caso de la legítima están respaldadas por una conveniencia social que justifique la restricción a la propiedad. Esta inquietud de los propulsores de la supresión de la legítima, la disipan señalando que no se justificaría en el caso de la institución legitimaria, aun conociendo que la propiedad debe ejercerse dentro de los límites establecidos en la ley; ahora veamos por qué no se justifica la existencia de la legítima.

Entre los autores que se manifiestan en contra de la legítima por la afectación del derecho a la propiedad, encontramos algunos posicionados dentro de la teoría económica del derecho. Es el caso de Bolaños Rodríguez (2013) que se dedica a probar la incompatibilidad de la legítima con la teoría económica del derecho, porque la primera afecta el derecho a la propiedad, base fundamental de la segunda. Así, el autor afirma que el tema de la legítima parte por definir si los derechos de propiedad son del padre o del hijo (legitimario) (2013, p. 202). Al respecto, consideramos que, en temas sucesorios, es obvio que la propiedad corresponde al causante. Además, ante la pregunta de Bolaños sobre quién puede decidir qué hacer con la propiedad, la respuesta también es obvia: la decisión recae en el titular. Finalmente, el autor refiere que, en el caso de la legítima, la intervención del Estado debería estar orientada a proteger la decisión del propietario, pero comete un exceso pues el Estado termina poniendo límites a su decisión. El autor también afirma que el derecho de propiedad permite que el individuo no justifique las decisiones sobre su propiedad frente al Estado, a menos que perjudique a terceros, pues esta es una externalidad que impide el funcionamiento correcto del mercado.

Para Bolaños, si los acuerdos voluntarios sobre propiedad, promueven la eficiencia, toda decisión legal en contrario que impida la transferencia voluntaria es ineficiente. Es el caso de la legítima que restringe la disposición de bienes. Además desde una perspectiva económica, esta divide la propiedad de manera ineficiente, mientras que la libertad de disposición la mantiene. Por ello, Bolaños refiere que la legítima es un exceso en la intervención del Estado. Si no lo fuera, para que la limitación de los derechos de propiedad del causante sea eficiente, se necesitaría que los legitimarios tengan derecho de propiedad (2013, p. 208). Ello implicaría reconocer un sistema de copropiedad familiar, tal como acontecía en los orígenes del Imperio Romano, que en la actualidad no existe.

En efecto tal como lo señala Bolaños, no existe copropiedad familiar, empero puede llevar a confusión uno de los regímenes económicos que tenemos en la actualidad, es decir el régimen de sociedad de gananciales, con la existencia del patrimonio común, sin embargo, este régimen es uno que se mide e identifica por sus resultados, es decir es un régimen de resultados, los que se conocerán cuando el régimen termine; mientras tanto no se conoce a quien les pertenece los bienes, no son identificables cuotas, o participaciones, como sucede con la copropiedad.

Tampoco puede confundirse con el patrimonio familiar, cuyo nombre puede inducir a que existe una propiedad de la familia; ello no es así, sino que se trata de un inmueble que sirve de casa conyugal, el cual sometido u aun régimen célere, se convierte en inalienable, inembargable y por cierto no es enajenable. En conclusión estamos de acuerdo con el citado autor, cuando afirma que no existe copropiedad familiar.

4.3.2. La legítima como freno al comercio

Un sector de la doctrina señala que la institución legitimaria implica que el titular del patrimonio no pueda disponer libremente de este ante la presencia de herederos forzosos. En esa medida, buena parte del patrimonio de la persona está fuera del mercado porque no se podrá realizar disposiciones o transacciones a título de liberalidad. Si se violenta esta restricción, la parte del patrimonio que exceda a la legítima no será válida (Código Civil, 1984, art. 1629). En ese sentido, la legítima atenta contra la libre circulación de la riqueza y pone freno a las operaciones de intercambio de bienes. Este argumento tendría una dosis de gravedad si fuera cierto, en especial porque casi todos los países se han abierto al mercado mundial a través de la globalización.

El autor Bolaños, al referirse al tema de la legítima como una cuestión de ética o moral, señala lo siguiente: "La legítima es una cuestión moral y que este elemento reduce eficiencia a nuestra economía, tanto en gastos para el gobierno que tiene que sufragar, con el dinero de los contribuyentes, como en las posibilidades perdidas de talento, como sobre todo en la privación del individuo de un elemento importante de su vida, su libertad de disposición" (2013, p. 11). Se trata de dinamizar el mercado, pero no delimitarlo, y, para ello, la propiedad privada y la libertad deben jugar un papel determinante.

Cuando la persona tiene todos los poderes que le otorga la titularidad sobre un conjunto de bienes, se acrecienta su interés en generar mayor riqueza. Ello porque cuenta con la certeza de que acumulando bienes podrá disponer de los mismos según su libertad de decisión. En cambio, cuando existen restricciones a su libre disposición, se desmotiva a la persona al no existir un incentivo para seguir produciendo. Por ello, el mismo Bolaños afirma que, a diferencia de lo que sucede en el mundo contractual, en el derecho de sucesiones, las personas no son libres de realizar sus transacciones y la propiedad termina perdiendo dos de sus caracteres, transferibilidad y exclusividad (2013, p. 60).

Un análisis elemental de costos y beneficios, según la teoría económica del derecho, llevaría a señalar que, en la institución de la legítima, más serían los costos que los beneficios. Entre los primeros está la restricción a la libre disposición que conlleva una traba al libre mercado; la desmotivación de las personas, pues al conocer que no son libres de disponer de su patrimonio, no se esmeran en generar mayor riqueza; y los gastos que genera la ejecución de la legítima, la cual pasa por un pronunciamiento judicial en muchos casos. Respecto de los beneficios, se encuentra la mejora económica de algunas personas que, en un buen número de casos, están realizadas y cuentan con economías solventes.

Para el autor de este texto se le hace difícil entender aplicar la teoría de los costos y beneficios en el ámbito del Derecho de familia, donde debe prevalecer el interés familiar, ante cualquier otro interés.

4.3.3. Institución que no tiene justificación social

Cuando nos hemos referido a la familia y a los regímenes económicos, en particular al de sociedad de gananciales, hemos señalado que a la sociedad le interesa la unidad, permanencia y fortalecimiento de la familia. En esa medida, se establecen restricciones a la propiedad respecto de uno de sus atributos, el usufructo. Ello porque, en el régimen de gananciales, los frutos de un bien propio no solo pertenecen a su titular, sino que también favorecen al otro consorte. La justificación para ello está en la utilidad social porque los frutos están destinados a solventar la economía de la familia y lograr su desarrollo. En este caso, es claro que el trato legal tiene una justificación social. Empero este argumento como tal no es atacado, sin embargo está implícito en la tesis que manejan los seguidores de la supresión de la legítima.

La Constitución peruana (1993), al referirse a la propiedad y a su ejercicio, señala que ésta debe hacerse en armonía con el bien común, al igual que el Código Civil (1984), donde se afirma que la propiedad debe ejercerse en armonía con el interés social. En ambos casos, puede restringirse o despojarse de la propiedad a una persona cuando lo demande el interés social, basado en el bien común. Por lo tanto, si bien la propiedad es inviolable y está garantizada por el Estado, en determinados casos y bajo una justificación social, esta se puede restringir, limitar y despojar vía la expropiación de los bienes. Además, el principio de razonabilidad establece que toda restricción al ejercicio de un derecho no puede ser arbitraria y no puede alterar su contenido (Orlandini, 2009, p. 83). Cuando la esencia del derecho es alterada, se incursiona en la arbitrariedad y puede acarrear la inconstitucionalidad. En ese sentido, corresponde preguntarnos si las restricciones que impone la legítima tienen una justificación, o tiene un respaldo social que termine justificando la institución de la legítima.

Los que cuestionan la existencia de la legítima afirman que ésta no cumple el rol social que se propone. Más aún, ellos señalan que la legítima podría suprimirse y que debería protegerse el derecho alimentario de los herederos forzosos. Sobre este tema, Sierra (1995) señala el "[...]

establecimiento de la plena libertad de disposición por causa de muerte. En suma, se trataría ni más ni menos, de profundizar en el principio de libertad civil, que parte de una idea básica, solo hay que introducir a la libertad del individuo, aquellas restricciones que están plenamente justificadas, aquellas que demandan ineludiblemente las necesidades sociales" (citado por Monserrat Pereña, 2010, p. 251.).

La legítima descansa en una suerte de deber moral del causante hacia sus familiares, como ocurre en el caso de los alimentos que tienen un fondo ético. No obstante, la institución de los alimentos no puede quedarse solo en ese plano y con una sanción consistente en el repudio social. Esta se convierte en una exigencia legal para salvaguardar el derecho de toda persona a alimentarse, como defensa del derecho a la vida, lo cual no ocurre con la legítima, que debería quedarse solo en el plano moral.

La legítima se basa en la premisa de que una persona es titular de un conjunto de bienes generados por ella al amparo de la Constitución y la ley, y que su ámbito de aplicación la relaciona con los familiares del causante. Sin embargo, la sociedad no tiene porqué interesarse necesariamente en lo que suceda con el patrimonio de ese entorno familiar, como sí ocurre con el derecho de alimentos, en tanto es un derecho vital y de urgencia. Debido a esto último, ella interviene para que los necesitados de alimentos puedan requerirlos a los obligados a fin de satisfacer sus necesidades. La finalidad social estaría ausente en la legítima porque, al menos en nuestro país, esta no tiene como objetivo un estado de necesidad que cubrir; ello se comprueba cuando opera en casos donde los legitimarios no tienen necesidad de ella.

Los partidarios de la supresión señalan que en el Perú, la sucesión intestada predomina de forma casi generalizada, mientras la sucesión testamentaria, donde generalmente se expresa la legítima, es una excepción. En el primer caso, la ley establece los órdenes hereditarios, basados fundamentalmente en el parentesco de los herederos con el causante. En el segundo caso, los legitimarios son los descendientes, ascendientes y el cónyuge o el sobreviviente de la unión de hecho. Si ellos no existen, la legítima no tiene presencia y el causante puede disponer de sus bienes como mejor le parezca.

En el caso de que los legitimarios concurran a la herencia del causante, la ley les reserva una parte del patrimonio y queda una porción de libre disposición. Más aún, la legítima solo tiene que ver cuando se trata de liberalidades que el causante desea efectuar en vida o después de su muerte, pero no tiene presencia si se trata de disposiciones a título oneroso.

Obsérvese que los partidarios de la supresión, dan a entender que la legítima solo tiene presencia en la sucesión testada, pero ello no es real, porque la institución está presente, tanto en sede testamentaria como en sede intestada; ahora porque lo hacen. Suponemos que al no considerar la legítima en sede intestada, entonces allí, al no haber legítima, no tendrían necesidad de argumentar su tesis de suprimirla. Esto es reiterativo porque ellos al atacar a la legítima, siempre lo hacen tratándose de un acto testamentario.

Todas las disposiciones legales sobre sucesión regulan un ámbito particular e involucran un limitado número de personas. Por ello, los opositores de la legítima señalan que esta institución no tiene un fin social o un interés común que justifique su presencia. Se podría prescindir de ella fácilmente sin producir cambios sustantivos que trastoquen los cimientos de una sociedad o la sobrevivencia de sus miembros.

En conclusión, las restricciones que impone la legítima, siguiendo a Orlandini (2009), terminarían alterando y hasta desnaturalizando el derecho de propiedad, en tanto que una de sus atribuciones es la facultad de disposición. Además, también se altera el derecho a la libertad porque se impone al causante una conducta que no necesariamente comparte. Se interfiere en el gobierno de sus bienes al imponerle que proceda como la ley cree pertinente, lo cual significa que no pueda disponer con libertad de una parte de su patrimonio porque este pertenece a sus herederos forzosos.

4.3.4. No cumple el fin que supuestamente justifica su existencia

Se ha señalado que la legítima es una institución que se enmarca dentro del deber del Estado de proteger a la familia y que cumple una función asistencial, pero ello no se condice con la realidad por diversas razones. En primer lugar, la legítima cumplía el papel de proteger a los descendientes del causante en sus orígenes y, por tanto, era una forma directa de proteger a la familia. Sin embargo, en el presente, el concepto de familia ha variado. Se ha pasado de considerar como única familia a los padres e hijos, familia nuclear, desde la perspectiva sociológica, a reconocer nuevas formas o tipos de familia que se dan dentro de un colectivo, e incluso familias donde los integrantes no tienen vínculos parentales entre sí.

En el Perú, la Constitución alude al deber de proteger a la familia, pero no señala un tipo específico de familia. Por su parte, el tribunal Constitucional considera como familia no solo a las matrimoniales, sino también a las provenientes de uniones de hecho; las monoparentales, donde la dirección del hogar recae en uno de los progenitores; y las ensambladas, donde coexisten parientes consanguíneos con parientes afines. Toda esta diversidad de personas conforma una estructura familiar.

Al no existir un tipo único de familia, surgen preguntas sobre cómo se inserta la legítima en esos casos: ¿Se protege a unos y a otros no? Además, dado que se reconoce como institución familiar, no solo a la familia nuclear sino a otras formas de familia ¿también sus integrantes son beneficiarios de la legítima, aun cuando no guarden vínculos de parentesco con el causante?

La institución legitimaria nació para proteger a los descendientes del causante y luego se hizo extensiva a los ascendientes y al cónyuge o sobreviviente de la unión de hecho. Sin embargo, actualmente la legítima sería injusta y discriminatoria si solo se aplicase a los familiares consanguíneos del causante y no a otros integrantes del grupo familiar. Si la idea es proteger a las familias en general, tendría que haber una modificación legislativa que reestructure la titularidad de la legítima. Este argumento debe ser tomado en cuenta, para una reestructuración de la legítima.

Por otro lado, se afirma que la legítima cumple un rol importante en la asistencia familiar (el Código Civil de Cuba, 1987, la llama legítima asistencial) porque cubre los alimentos de los herederos forzosos. Al respecto, resulta pertinente citar a Busto Lago (2015) cuando afirma que la rigidez del sistema legitimario del Código Civil (español) es cuestionada si se considera como dato estadístico el incremento de la esperanza de vida. Así, cuando los hijos reciben la herencia de sus padres ya tienen una edad avanzada en la que difícilmente se cumple con la finalidad de proteger la familia. Esta afirmación es certera, pues en un buen número de casos donde opera la legítima, lo legitimarios tienen patrimonio propio y no necesitan la asistencia de sus padres; en ese supuesto, la legítima pierde todo sentido.

El autor Orlandini abona a la tesis antes señalada y refiere que, en numerosos casos, la legítima está protegiendo a herederos que son personas adultas, en pleno goce de sus derechos, respecto de los cuales el ordenamiento jurídico no ha previsto ninguna obligación para el causante en vida (2009, p. 83). En efecto, la legítima existe en función de asistir a los miembros de una familia, lo cual se materializa principalmente en los alimentos. Sin embargo, esta finalidad pierde sentido cuando los legitimarios son independientes y con patrimonio propio. Por ello, Orlandini, (2009) refiere que, en esos casos, la ley no prevé como debería ser una asistencia, y la razón de ser está en el ejercicio del derecho de alimentos, que procede solo y exclusivamente en situaciones de estado de necesidad. En este supuesto, la legítima no cumple el rol para el que ha sido llamada; sin embargo, se obliga al causante a reservar parte de su patrimonio, aun cuando los legitimarios no requieren ayuda.

En síntesis, la posición de los que abogan por la supresión de la legítima descansa en el respeto a los derechos constitucionales como la libertad y la propiedad. A ello se suma que actualmente la legítima no cumple con su fin originario de defensa de la familia nuclear (padres e hijos) porque la institución familiar ha cambiado y no existe un solo tipo de familia. En general, el argumento es que no existen razones sociales que justifiquen la existencia de la legítima; más bien, su supresión permitiría reforzar el derecho de los alimentos con normas garantistas. Esto ocurre en las legislaciones centroamericanas que, sin necesidad de regular legítima, cuidan los derechos alimentarios de los herederos forzosos.

Los argumentos, en su mayoría, que sustentan la propuesta de suprimir la legítima en nuestro ordenamiento son razonables, pero no justifican su supresión. Lo que se requiere es su reformulación para que pueda cumplir con los fines que dieron lugar a su nacimiento, como la asistencia a los miembros de la familia.

4.4. TESIS QUE ABOGAN POR LA PERMANENCIA DE LA LEGÍTIMA

La relación entre el Derecho sucesorio y el Derecho de familia es muy estrecha, lo cual se deriva de que la sucesión se da mayoritariamente entre el causante y sus familiares. Esta conexión es tan íntima que el Derecho de familia es el soporte del Derecho sucesorio. Si estamos en sede testada, los legitimarios necesariamente tienen que ser familiares del causante, o por el parentesco, o por el matrimonio o si fuere el caso la unión de hecho.

Si se trata de sucesión intestada, para que uno pueda heredar a una persona, necesariamente tiene que ser pariente del causante, o su cónyuge, o sobreviviente de una unión de hecho. Además las instituciones del Derecho sucesorio necesariamente contemplan la presencia de los familiares, ejemplo de ello, la representación sucesoria, la sucesión legal, los anticipos de herencia, la misma colación y por cierto la legítima.

Si esta relación de familia y sucesión está comprobada, entonces cae por su propio peso, el que el Derecho sucesorio soporte algunas restricciones a la propiedad, como es el caso del régimen económico de sociedad de gananciales en donde los frutos de un bien propio de un consorte, se consideren sociales; o como el caso del derecho de habitación vitalicio del cónyuge supérstite, regulado en el Derecho sucesorio, pero que tiene su origen en el Derecho de familia (artículo 323) y termina siendo complementado por el Derecho sucesorio, como es de verse en el artículo 731, 732 y 733 del Código Civil.

Como puede apreciarse, la institución familiar está rodeada de normas que no solo se encuentran en el libro de familia, sino que abarcan otros libros, como es el de sucesión. Las normas pretenden garantizar su fortalecimiento como reflejo de que nuestra Constitución impone al Estado la obligación de proteger a la familia con independencia de cómo se haya formado (Const., 1993, art. 4).

Este deber pasa, entre otros, por garantizar un soporte económico que le permita cumplir sus fines propios, y allí encontramos el Instituto Jurídico de los Alimentos, para cubrir el estado de necesidad de los integrantes de la estructura familiar, el patrimonio familiar, asegurando a la familia un techo propio que no permite sea embargado, hipotecado ni rematado, o el Régimen de sociedad de gananciales, con la formación del patrimonio común.

En cuanto a la institución de la Legítima, los fines que ella se propone se encuentra dentro de este marco de normas, porque está dirigido a proteger a los integrantes del grupo familiar..

La legítima siempre ha sido concebida como un derecho y como un deber. Por un lado, está el derecho de los herederos forzosos del causante que se traduce en participar de la herencia dejada por el de *cujus*. Por otro lado, está el deber del causante de considerar, en su sucesión y de forma obligatoria, a esos herederos forzosos. El fundamento de esto último radica en el afecto presunto del causante hacia sus sucesores, y en una suerte de compartir los bienes de la familia, porque ellos en forma directa o indirecta han contribuido en la formación del patrimonio, donde no solo ha intervenido el causante, sino también sus parientes cercanos y directos (herederos forzosos). Todo ello está enmarcado dentro de un interés familiar que es común a todos y que prevalece sobre el interés individual de los componentes del grupo familiar.

La doctrina sucesoria ha tratado de dar sustento jurídico a la legítima, lo que ha dado origen a diversas tesis: el fortalecimiento y consolidación de la familia, que debe ser protegida porque constituye la base de toda sociedad, conforme lo dispone la Constitución Política (1993, art. 4); una defensa intergeneracional con respecto de los descendientes del causante; el reconocimiento a los integrantes de la familia como colaboradores en la formación del patrimonio del causante, es decir, la formación de un patrimonio familiar; y la defensa de los alimentos de los integrantes del grupo familiar. A continuación, desarrollamos cada una de esas teorías

4.4.1. El fortalecimiento de la familia

La Exhortación Apostólica Familiaris Consortio del Papa Juan Pablo II, a propósito de la familia, señala lo siguiente: "La familia posee vínculos vitales y orgánicos con la sociedad, porque constituye su fundamento y alimento continuo mediante su función de servicio a la vida. En efecto de la familia nacen los ciudadanos, y éstos encuentran en ella la primera escuela de esas virtudes sociales" (1981, párr. 2). Esta afirmación da contenido a la concepción de la familia como una célula básica de la sociedad. Además, la Exhortación Apostólica señala el deber de los Estados de proteger a la familia, al hacer todo lo posible por asegurarles las ayudas económicas, sociales, educativas, políticas y culturales que necesitan para afrontar, de modo humano, todas sus necesidades (Juan Pablo II, 1981, párr. 45-46).

En ese contexto, la Carta de los Derechos de las Familias de la Santa Sede (1983) refiere el derecho de las familias a gozar de condiciones económicas que le aseguren un nivel de vida apropiado a su dignidad. Asimismo, este documento eclesiástico resalta que no se puede impedir la adquisición y mantenimiento de posiciones privadas que favorezcan una vida familiar estable. En ese sentido, las leyes sobre la herencia o la transmisión de propiedad deben respetar las necesidades y derechos de sus miembros (Pontificio Consejo para la Familia, 1983, art. 9, inc. a).

Si bien los documentos eclesiásticos no son vinculantes para los Estados, son recomendaciones a todos los relacionados con el bien común de sus pueblos y recuerdan a los responsables de las funciones legislativas, la importancia y trascendencia de la institución familiar, y los derechos que posee.

Así, las familias requieren apoyo económico para cumplir sus fines, como la transmisión de la vida, la educación de la prole o la transmisión de valores. Sin embargo, no necesariamente todo tiene que venir como ayuda directa del Estado, sino que este debe crear las condiciones para posibilitar que las familias tengan una base económica. Ello se traduce, dentro del campo del Derecho, en una legislación protectora de la familia a través de instituciones que apunten a garantizar el soporte económico. Algunas de ellas son el patrimonio familiar, la sociedad de gananciales, el derecho de alimentos, el derecho de uso del inmueble destinado al hogar conyugal y la legítima. Si bien esta no se encuentra regulada en el Derecho de familia, su finalidad se refiere a la asistencia y protección de la familia del causante.

En el derecho nacional, la protección de la familia se encuentra establecida en diferentes niveles y ámbitos. En el nivel constitucional, el Estado y la sociedad tienen el deber de proteger a la familia (Const., 1993, art. 4). Una primera observación es que la protección gira en torno a todo tipo de familia que se genere en la sociedad. Por lo tanto, y así lo ha reconocido el Tribunal Constitucional, no se trata de proteger en exclusividad a la familia generada de un matrimonio, sino a todas las familias. Así, la protección debe recaer en las familias matrimoniales, las generadas de una unión de hecho, las ensambladas, las monoparentales y las que vayan apareciendo como estructuras familiares.

El Tribunal Constitucional, en la sentencia recaída en el expediente 06572-2006, señaló que:

> A pesar de la gama de principios tendentes a la tutela integral de la familia, el texto constitucional no abona en definir el concepto. Es claro entonces, que el texto constitucional no pretendió reconocer un modelo específico de familia. Por consiguiente, el instituto de familia no debe relacionarse necesariamente con el matrimonio, como ocurría con el código civil de 1936, que manifestaba tal tendencia con la inconstitucional diferenciación de hijos legítimos y no legítimos (2006, párr. 8)

El deber de protección a la familia se ha materializado a través de políticas públicas tendentes a consolidarla. El Acuerdo Nacional del 2002 estableció veintiocho políticas públicas y una de ellas, la décimo sexta, estaba dirigida a la protección de la familia. En ese mismo sentido, se aprobó el Plan Nacional de Apoyo a la Familia 2004-2011 (2004) y el Plan Nacional de Fortalecimiento a las Familias 2016-2021 (2016).

En ambos instrumentos, se abordan temas económicos. Así, el Plan 2004-2011 estableció el respaldo a la economía familiar y una política económica que impulse su crecimiento como uno de sus principios rectores (Punto 12). Además, este dispone que la asignación de recursos necesarios para implementar políticas y programas orientados al bienestar de las familias sea considerada como una inversión (Punto 17).

En cuanto al Código Civil actual, este contiene instituciones que apuntan a brindar soporte económico a las familias. Así, el patrimonio familiar convierte el predio destinado a la casa habitación familiar, o el predio destinado al comercio, industria, agricultura o artesanía, que genera los recursos de subsistencia, en bienes inembargables e inalienables. De este modo, ningún acto jurídico, medida judicial o administrativa puede despojar a la familia de estos bienes, salvo su transmisión por herencia (1984, art. 488-501).

Respecto de la sociedad de gananciales, el Código Civil (1984) genera un patrimonio social donde se prioriza el interés familiar sobre el interés individual de los integrantes del grupo familiar. Esto implica regular los frutos que generan los bienes propios de los cónyuges como bienes sociales. Pese a que la titularidad está debidamente identificada, los frutos no corresponden al propietario en su totalidad, sino que serán compartidos por ambos cónyuges. La razón es que esos frutos están destinados a solventar las necesidades del hogar. Se trata de una restricción a la propiedad, pues esta permite al titular de un bien, usar, disfrutar y disponer de él, pero en una sociedad de gananciales, los frutos de los bienes propios son de ambos consortes. Entonces, no sólo la legítima restringe una de las facultades de la propiedad, sino también el régimen de sociedad de gananciales, pues recorta el derecho de usufructo.

En la legislación argentina vigente, Código Civil y Comercial del 2014, protege la vivienda familiar, al imponer al titular del bien, que en este caso sería uno de los consortes, a no disponer del mismo, sin autorización de su consorte; sobre el particular el artículo 444 establece "A petición de parte interesada, el juez puede establecer una renta compensatoria por el uso del inmueble a favor del cónyuge, a quien no se atribuye la vivienda, que el inmueble no se puede enajenar sin el acuerdo expreso de ambos". La primera parte de la norma, lo tenemos en nuestra legislación, al señalar que el inmueble de propiedad de uno de los cónyuges puede ser alquilado, empero la merced conductiva no le corresponde únicamente al titular del bien, sino que es un bien social; la segunda parte de la norma, desgraciadamente no está regulado en la legislación peruana, norma que urge su implementación en nuestra legislación, incluso para destrabar una contradicción existente en el libro de familia del Perú. Si el inmueble donde habita la familia es un bien propio de uno de los consorts, éste lo puede arrendar, y la merced conductiva no es solo de él, sino de la sociedad conyugal, sin embargo si puede venderlo y no necesita autorización para ello, y el precio es exclusivamente del consorte propietario.

El argumento de defensa de la legítima, basado en la protección del Estado hacia la familia, ha sido cuestionado no por afectar el derecho a la familia, sino por la posible vulneración de otros derechos constitucionales, como la libertad y la propiedad. En consecuencia, es necesario compatibilizar la protección a la familia con el ejercicio de esos derechos o, como lo formula Parra, "[...] el derecho de sucesiones debe conciliar la libertad de disponer (artículo 33 de la Constitución española) con la necesaria protección de la familia (art. 39 de la Constitución) y el sistema de legítimas es una forma de lograrlo" (2008, p. 536).

En el Perú, a propósito de la revisión del Código Civil de 1936 y la posterior promulgación del Código Civil de 1984, Revoredo señalaba, refiriéndose al libro de sucesiones, lo siguiente: "En cuanto a su orientación, este libro del proyecto está inspirado en el concepto de que el derecho de sucesiones, debe cumplir principalmente una función económica de protección familiar" (1980, p. 682). Todo parece indicar que la protección a la familia sirvió de guía para la confección del libro de sucesiones. Por ello, en este se encuentra la institución de la legítima, que reserva una parte del patrimonio del causante a favor de sus familiares cercanos y directos. La reserva legitimaria asegura la atención de las necesidades de los parientes del causante, las cuales fueron cubiertas por él en vida. De este modo, dicha institución cumple un rol estelar en el fortalecimiento y consolidación de la familia, que se mantiene unida pese a que ya no está presente el causante.

La tesis de que la legítima protege a la familia también es reforzada por De la Fuente y Hontañón, quien afirma que "[...] nuestro código civil presenta un rígido sistema legitimario donde el legislador ha entendido como algo justo y razonable que se garantice a los hijos el derecho a recibir parte del patrimonio de los padres, como una manifestación del derecho de protección a la familia consagrado en los artículos 4 y 5 del texto constitucional" (2014, p. 690). En ese mismo sentido, Orlandini considera como la esencia del fundamento de la legítima, que torna imperativo el llamamiento legal sobre *parte de la herencia*, la defensa preponderante de los intereses familiares, la cual se atribuye a principios éticos de solidaridad familiar. El autor señala lo siguiente: "La asistencia familiar es considerada un deber moral que al ser reconocido por la ley, asume la naturaleza de obligación civil. Es así que se consagra la legítima, los alimentos post mortem o ambos como obligaciones legales en resguardo del interés familiar, con fundamento ético en el deber moral de obrar en interés de la familia" (2009. p. 55).

Los defensores de la legítima no desconocen que en otras latitudes (por ejemplo, Francia) los ascendientes ya no son legitimarios, que las cuotas son excesivas y que la tendencia es a disminuirlas; por ello, no se cierran a una variación de la legítima.

4.4.2. Defensa intergeneracional

La legítima permite asegurar a los descendientes del causante y a los ulteriores descendientes, los bienes y derechos para satisfacer sus necesidades básicas que permitan la continuidad familiar. El aseguramiento se da al garantizar que los posteros, como Castañeda (1975) llama a los descendientes de una persona, tengan un soporte económico para afrontar los retos que depara la existencia humana. Ello se consigue con la reserva del patrimonio del causante que por ley, está destinada en favor de estos familiares cercanos y directos.

En una interesante resolución del Tribunal Constitucional Alemán, del 19 de abril del 2005, se hace referencia a la legítima como una "defensa intergeneracional" (citado por Parra, 2009, p. 497). La resolución señala que la legítima de los hijos es constitucional, como manifestación del principio de solidaridad intergeneracional, con independencia de que ellos se encuentren o no en situación de necesidad.

La resolución no condiciona el derecho de la legítima a que los descendientes se encuentren en estado de necesidad. Para la autora, de acuerdo a esta resolución se puede entender que en Alemania la legítima de los hijos es una exigencia constitucional. Ello porque la Constitución alemana garantiza la propiedad privada, y la libertad de testar es entendida como un elemento determinante de la garantía del derecho de sucesiones. Se trata de un reflejo del derecho de propiedad y del principio de autonomía privada en la libre autodeterminación de la persona (artículo 2.2 de la Constitución alemana). La autora añade que, al mismo tiempo, el Tribunal Constitucional entiende que la libertad de testar debe ponerse en relación con la protección de la familia, garantizada por el artículo 6.1 de la Constitución, de forma que los hijos siempre tengan derecho a una porción de la herencia (Parra, 2009, p. 497).

Como se aprecia, en tanto según la Constitución alemana, los hijos tienen derecho a una porción de la herencia, la legítima cumple el papel de hacerlo efectivo. Se trataría de una suerte de "derecho natural" como diría Lohmamm (curiosamente, uno de los que pregonan la supresión de la legítima): "[...] de todos los argumentos (que fundamentan la legítima) el que me parece más sustentable es de orden natural, traer hijos al mundo, agradecer a los padres y contraer matrimonio obliga a compartir y darle lo necesario, dentro de las posibilidades de cada quien para que cubran sus necesidades" (1996, p 433). En este caso, el autor está considerando a todos los legitimarios según nuestra legislación, en cambio el Tribunal Constitucional alemán solo alude a los descendientes como legitimarios.

Lohmamm (1996) citando a Lanatta (1985), Echecopar (1999), Castañeda (1975) ponen énfasis en que la razón de ser de la legítima descansa en el vínculo familiar como parte de los deberes y obligaciones que provienen de éste.

La legítima, al reservar una parte del patrimonio del causante para sus familiares cercanos y directos, está cumpliendo la función de preservar la continuidad familiar porque garantiza el soporte económico de su familia. Siguiendo a Parra, la legítima sería el cumplimiento de las obligaciones, por la propia naturaleza de las cosas, de mantener y garantizar la subsistencia de los parientes más próximos (2009, p. 497), y, con ello, mantiene la continuidad generacional.

La tesis puede resumirse en que la función de la legítima es permitir que la familia pueda continuar naturalmente a través de sus descendientes. Esta también se encuentra inmersa en el análisis de Tapia sobre el Derecho sucesorio chileno cuando afirma que "[...] en la herencia subyace una idea antropológica de solidaridad [...] y que los límites impuestos por la legítima terminarían garantizando la subsistencia de las vinculaciones a la tierra, al menos en la siguiente generación (2010, p. 129-130).

Se puede apreciar que la tesis de la defensa intergeneracional sólo considera a los descendientes del causante. Esto recoge lo que fue la legítima de Roma en su origen, cuando solo los descendientes del causante eran legitimarios y los únicos con derecho a iniciar procesos de querella de inoficiosidad del testamento, o la cuarta falcidia (cuarta *parte de la herencia*) solo era reservada para ellos. Se trata de una tendencia a regresar a los orígenes de la legítima y considerar como tales solo a los descendientes, pero protegiendo al cónyuge. En el caso peruano, la protección al cónyuge se realiza a través de la legítima, así como de los gananciales que le corresponden y, cuando estos no existen debido al régimen de separación de patrimonios, el cónyuge sigue siendo legitimario.

En síntesis, la tesis de la defensa de las futuras generaciones a través de la legítima persigue la defensa de la continuidad institucional familiar, al darle a la familia del causante un soporte económico que les permita seguir subsistiendo.

4.4.3. Copropiedad familiar

Los integrantes de una familia requieren de fuentes de ingresos para satisfacer las necesidades ordinarias de todo hogar. Además, estas posibilitan la adquisición de bienes y, con ello, la formación de un patrimonio, Pero se puede afirmar que ese patrimonio favorece a la familia, pero no podemos concluir que ello constituye una copropiedad familiar

Se señala que en la formación de ese patrimonio, no solo interviene el futuro causante, sino que directa o indirectamente contribuyen los familiares que viven con él. Lo que hace la ley es reconocer una expectativa de derecho que se concreta cuando fallece el causante. Por ello, pese a que los bienes pueden estar a nombre de una sola persona, en puridad responden al trabajo del grupo familiar. Para Parra, la legítima enlazaría con un determinado régimen familiar de copropiedad, es decir, sería un derecho de los herederos forzosos, quienes integraron la familia y contribuyeron a la formación de la propiedad familiar (2009, p. 497). Por lo tanto, les corresponde una parte o todo el patrimonio por derecho propio. Esa parte vendría a ser la porción legitimaria que el causante no puede disponer porque está reservada a favor de sus familiares.

La legítima comprende a los familiares cercanos y directos del causante, que son sus descendientes, el cónyuge o el sobreviviente de la unión de hecho y los ascendientes. Como se observa, todos ellos son familiares cercanos y directos del causante, que han vivido con él y han contribuido a la formación del patrimonio hereditario. La colaboración no solamente es dineraria, también se considera la ayuda al causante, como el soporte espiritual, la asistencia, el servicio o la creación de un clima de tranquilidad. Todo ello convierte al causante (en vida) en una persona mucho más productiva.

4.4.4. Los alimentos como soporte de la legítima

La mayoría de autores que defienden la institución legitimaria, la hacen descansar en el cumplimiento de una obligación natural del causante hacia sus familiares cercanos: la obligación alimentaria. Esta no solo se encuentra presente durante la vida del causante, sino que trasciende su muerte. La tesis ha sido plasmada en diversos códigos civiles, sea que regulen o no la legitima, como es el caso del Código Civil de Costa Rica (1885), México (1928) y Guatemala (1963).

Las legislaciones que no regulan la legítima, pueden hacerlo para privilegiar los alimentos. Así, el Código de Guatemala es enfático en precisar que la libertad de testar solo está limitada por el derecho que algunas personas tienen a ser alimentadas (1963, art. 936). Mientras, el de Código de Costa Rica (1885) refiere que el testador podrá disponer libremente de sus bienes siempre que deje asegurado el derecho de alimentos hasta la mayoría de edad, si los hijos son menores y de por vida, si los hijos tienen una discapacidad que les impide valerse por sí mismos.

Además, se deberá asegurar la manutención de los padres y de la consorte, mientras los necesiten (1928, art. 595). En este país, se nota la prevalencia del derecho de alimentos sobre la libertad irrestricta de testar. Si el testador omite cumplir su obligación de alimentos, el heredero instituido solo recibirá el sobrante de los bienes después de haberse determinado la cantidad suficiente para asegurar al alimentario, previa estimación de los peritos.

En el Perú, el derecho a los alimentos es un derecho fundamental de la persona y está presente en los derechos a la vida y la salud que la Constitución peruana (1993) regula en su artículo 2, inciso 1. Se trata de derecho vital y de urgencia, y, por ello, goza de todas las medidas garantistas a fin de que su cumplimiento sea satisfecho.

En nuestra legislación, ello se ve reflejado no solo en el Derecho de familia, sino también en el Derecho sucesorio, como es de verse en la regulación de sus normas legales, donde hay disposiciones que terminan afectando la cuota de libre disposición de una persona, cuando tiene pendiente una obligación alimentaria, a la par de considerarla como una deuda de herencia que debe ser satisfecha antes de cancelar las cuotas legitimarias (Código Civil, 1984, arts. 728 y 874).

Finalmente, el autor Fernández Arce, enfatiza que "[...] la subsistencia y la educación son derechos y obligaciones que trascienden a la muerte del causante" (2014, p. 572). Según se señala, los rubros de los alimentos que no solo comprenden la subsistencia, sino también la educación, la salud física y psicológica, la habitación y la recreación en el caso de menores de edad, subsiste después de la muerte del causante. Se trata de una opinión que respetamos, pero que no compartimos, porque según nuestra legislación la obligación alimentaria se extingue con la muerte del obligado a darlos (artículo 486 del Código Civil), sin embargo entendemos al doctor Fernández Arce, en la idea de que si bien la muerte extingue la persona, más no su patrimonio, y es en esta entidad, donde funciona la legítima..

Como señala Messineo (1956), el causante cuando testa tiene la obligación de respetar la legítima como una especie de obligación alimentaria respecto de los que dependen de él (Castañeda 1966, p. 196). Este fundamento de la legítima implica la conversión de un deber ético en una obligación legal, pues, como lo señala Orlandini, "[...] la asistencia familiar es considerada un deber moral que, al ser reconocida por la ley asume la naturaleza de obligación civil. Es así que se consagra la legítima, los alimentos post mortem o ambos como obligaciones legales en resguardo del interés familiar, con fundamento ético en el deber moral de obrar en interés de la familia" (2009, p. 55).

Los alimentos están presentes cuando se alude a la legítima, pero la autora Orlandini sostiene que, si los límites legales impuestos a la libre disposición para después de la muerte, constituyen una obligación alimentaria, su cuantía no debería traspasar los de una pensión alimentaria. En la mayoría de legislaciones que regulan la legítima, no se alude a esta interesante inferencia de Orlandini, pues esta solo se considera como una parte del patrimonio del causante, reservada a favor de los herederos forzosos. No se tiene en cuenta si supera o es menor a lo establecido para los alimentos.

En la legislación peruana, si bien la legítima no hace referencia a los alimentos, las diversas normas que los regulan tienen implicancias en el Derecho sucesorio. En primer lugar, el artículo 417 del Código Civil (1984) está ubicado en el Derecho de familia: no obstante, su relación con el derecho de sucesiones es evidente. El legislador establece que los herederos deberán pagar lo correspondiente a la obligación del causante de pasar alimentos, pero el alimentista no podrá recibir más de lo que le hubiera correspondido de haber sido reconocido o declarado.

La figura presente en esta norma es la del hijo alimentista, establecida en el artículo 415 del Código Civil (1984). En segundo lugar, el artículo 728 del Código Civil (1984), ubicado en el libro de sucesiones, establece una afectación a la cuota de libre disposición del causante. Si el testador dispuso de ella y existe un hijo alimentista, el legatario solo podrá cobrar su legado una vez que se hayan cubierto los alimentos del acreedor. Finalmente, según el artículo 874, el importe que se debe al hijo alimentista es una deuda de la herencia y, por tanto, la prioridad para su cobro desplaza a los legatarios y legitimarios. Estos deberán esperar que se satisfaga la obligación alimentaria para recién ver satisfechos, primero, la legítima y luego, los legados.

En conclusión, se entiende que la porción legitimaria debe estar destinada prioritariamente a cubrir el sustento (alimentos) de los herederos forzosos del causante, quien en vida cumplió con este deber. Como estos deberes familiares no deben extinguirse con el deceso, a través de la legítima, se seguirá cumpliendo como una suerte de solidaridad familiar que no se extingue con la muerte del causante.

De otro lado, las legislaciones que regulan la legítima, lo hacen en función de cubrir un estado de necesidad a través de los alimentos. Así, el Código Civil de Cuba (1987), que tiene una óptica distinta a la normatividad peruana, no deja de reconocer la base alimentaria que subyace en la legítima. Así, el autor Pérez Gallardo señala lo siguiente:

> "La legítima asistencial, o sea la parte indisponible del caudal hereditario, que el legislador dispone sea reconocida por el testador en su testamento, a los parientes más propincuos (descendientes y ascendientes) y al cónyuge, siempre que se trate de personas que en razón de su falta de aptitud para emprender una actividad económicamente productiva, y en consecuencia por su vulnerabilidad económica, al depender en tal orden del causante de la sucesión requiere de una especial tuición o protección [...]" (2010, p. 2).

Finalmente, las tesis pro legítima tratan de flexibilizar la rigurosidad respecto de quiénes son sujetos con derecho a la legítima y el monto de su cuantía. Respecto de lo primero, el Código Civil francés (1807) ha eliminado a los ascendientes del causante su calidad de legitimarios. En Perú los ascendientes siguen siéndolo, aun cuando solo sea en defecto de los descendientes (1984, art. 729 y 817). En cuanto a lo segundo, nuestro parecer, siguiendo a los que tratan de flexibilizar la regulación de la legítima, sugerimos reducir la cuota legitimaria de dos tercios al 50% del patrimonio de causante.

CAPÍTULO V

De la legítima solidaria

5.1. ANTECEDENTES

La legítima no fue cuestionada por siglos porque se aceptaba como una suerte de institución natural, en donde el llamado jefe de familia debía velar por las personas que componían su núcleo familiar. Sin embargo, en los últimos años, se califica a la legítima como una institución fácilmente prescindible del sistema jurídico, en tanto no cumple un rol social y viola derechos fundamentales. Esto dio lugar a un debate doctrinal sobre su supresión o permanencia. Ello a pesar de que, como se ha desarrollado a lo largo del texto, la legítima, en tanto institución del Derecho sucesorio, ha sido objeto de modificaciones importantes, respecto de quienes son los legitimarios y las cuotas legitimarias.

Además, la legítima ha sufrido una importante y trascendente modificación, al haber incorporado como legitimario al sobreviviente de la unión de hecho, poniéndolo a la par del cónyuge respecto de los derechos que comprende la legítima, pues como se señala en el texto, es un heredero privilegiado porque concurre con los descendientes del causante, sean o no sus hijos, concurre con los ascendientes, pese a que éstos son parientes afines del cónyuge del causante, siendo una excepción a la regla, en tanto que en Perú, no hay derechos entre los parientes afines, y por último su privilegio, los lleva a gozar del derecho de habitación vitalicio, entre otros derechos.

La actual regulación de la legítima ha recibido críticas no solo de quienes se oponen a su existencia, sino también de quienes comulgan con su permanencia. Los últimos reconocen que deben realizarse cambios para que la legítima sea compatible con la realidad.

En primer lugar, esta nació para proteger a la familia nuclear, que comprendía al padre, la madre y los hijos, pero actualmente encontramos diferentes formas o tipos de familia.

En el presente, en un buen número de casos, la estructura familiar no solo la componen los parientes del causante, sino también personas ajenas que dependen económicamente de él. Por otro lado, también se ha detectado que al abrirse la sucesión, un gran número de los llamados legitimarios, son personas adultas que no necesariamente se encuentran en estado de necesidad, por lo cual, la porción legitimaria no termina cumpliendo su fin de asistencia.

En segundo lugar, los que alegan la supresión de la legítima argumentan que viola derechos constitucionales. Sin embargo, estos derechos terminan donde comienzan los derechos de los demás y, en determinadas circunstancias, pueden ser restringidos o limitados en función de intereses sociales. Uno de esos intereses es la protección de la familia por la sociedad y el Estado. Por lo tanto, es necesario compatibilizar los derechos fundamentales de las personas, libertad y propiedad, con los derechos de la institución familiar, en especial con el Derecho sucesorio de proteger la base económica de la familia. En este último ámbito es donde se ubica la legítima, lo cual plantea un desafío importante.

5.2. RESUMEN DE LAS POSICIONES A FAVOR DE LA LEGÍTIMA

Los partidarios de mantener la legítima en nuestro sistema jurídico (Castañeda, 1975; Fernández Arce, 2003; De la Fuente, 2014; y Echevarría, 2006) argumentan la defensa de la familia, la defensa intergeneracional, el reconocimiento de los legitimarios como colaboradores en la formación del patrimonio del causante y la defensa de los alimentos.

En cuanto a la institución familiar, los autores señalan que la legítima cumple un papel importante en el fortalecimiento y consolidación de la familia; sobre el particular decimos que la unidad y estabilidad familiar pasa no solo por proteger económicamente a la familia, sino por establecer estrategias y planes contenidos en políticas públicas, donde participe el Estado y la Sociedad Civil, como lo recogió el Acuerdo Nacional (2002) habiéndose puesto en práctica dos planes del 2006 al 2011 y del 2016 al 2021, sin embargo los resultados han sido menos que alentadores en temas sensibles, como la salud, la educación, la economía familiar y la violencia familiar. Entonces tenemos que convenir que no necesariamente elaborar planes de desarrollo de las familias, cumplen este cometido.

La legítima existe para proteger a los integrantes del grupo familiar que dependen del causante. Por ello, ésta obliga a reservar una parte de su patrimonio a favor de sus familiares cercanos para que puedan atender sus necesidades. Sin embargo, según la legislación vigente, los titulares de la legítima, llamados herederos forzosos, no necesariamente tienen que estar en estado de necesidad. Además, es frecuente que en la práctica no lo estén, pero la restricción a la libre disposición de los bienes del causante se mantiene. Entonces, para que la legítima tenga una justificación debería extenderse no solo a los familiares que dependen del causante en vida y seguirán dependiendo luego de su muerte. Ella debería alcanzar a quienes no son parientes del causante, pero viven en el seno familiar, es decir, son parte de su estructura familiar lo que ocurre por ejemplo con las llamadas familias ensambladas.

Si efectivamente la legítima estuviera destinada a la atención de los familiares del causante en estado de vulnerabilidad, tendría un sentido social porque permitiría solventar las necesidades familiares. De este modo, incluso se estaría cumpliendo con regular la sucesión para que sirva de apoyo económico a la subsistencia de la familia, y el cumplimiento de sus fines, como son la transmisión de la vida, la educación en valores, los principios de solidaridad, la tolerancia, el respeto y la humildad.

Sin embargo y como ya lo hemos señalado, el fortalecimiento de la familia también pasa por otras medidas relacionadas con la obligación general del Estado de protegerla. Esto se realiza al crear las condiciones favorables para su desarrollo mediante planes de atención en los campos de la educación, la salud y la vivienda. Apostar por la familia es hacerlo por una sociedad justa y respetuosa de los derechos de los ciudadanos, quienes nacen dentro de una familia y, luego, forman una propia.

Como ya lo hemos señalado, en las legislaciones de países de Centroamérica, como Costa Rica, Guatemala, El Salvador y México, se prioriza la atención a los integrantes del grupo familiar que, al encontrarse en estado de necesidad, tienen un derecho vital por atender. Por ello, sus normas sucesorias apuestan por la libertad irrestricta de testar, pero no descuidan los alimentos. Así, no se puede adjudicar los bienes de la sucesión a un heredero instituido en un testamento, si es que el testador no ha dejado cubierto o garantizado el derecho de alimentos de los herederos forzosos. Esos países han encontrado una fórmula para compatibilizar la libertad de testar con el cumplimiento de los alimentos;

por ello, no regulan la legítima como una institución que restringe los derechos de libre disposición del patrimonio del causante.

A lo señalado, se suma que en el presente, la familia ha evolucionado y no se puede hablar de un solo tipo de familia, como sí ocurría a comienzos del siglo XX. En ese tiempo, la fuente de familia era el matrimonio y la organización era vertical, por lo que se resaltaba la figura del "jefe de familia" y sus hijos. Esta clase de familia aún subsiste, pero a su lado se han formado familias no matrimoniales, ensambladas, monoparentales, entre otras. Aunque ellas merecen el apoyo del Estado, sigue pendiente la definición de la organización familiar. Nosotros nos atrevemos a brindar una aproximación al concepto de familia, como una comunidad de personas que, unidas o no por el vínculo del parentesco o el matrimonio viven compartiendo techo, lecho y mesa, y donde existe un interés común que predomina sobre los intereses de sus integrantes.

Por su parte, la Carta de los Derechos de la Familia, señala que la familia "[...] es una comunidad de amor y de solidaridad, insustituible para la enseñanza y transmisión de valores culturales, éticos, sociales, espirituales, religiosos esenciales para el desarrollo y bienestar de sus propios miembros y de la sociedad" (Pontificio Consejo de la Familia, 1983, Preámbulo, párr. E). A esta definición, basada en el parentesco y el matrimonio, debe sumarse a los integrantes del grupo familiar que, sin tener lazos de parentesco con el padre o la madre, o teniéndolos solo con uno de ellos, forman parte de esa comunidad de personas.

Existen familias en donde los integrantes del núcleo familiar, no son parientes del causante, pero son parte de la estructura familiar. Si se busca cubrir las necesidades de todos ellos con la legítima, se deberá realizar un cambio sustancial.

Actualmente, solo son legitimarios, los familiares más cercanos del causante, es decir, los descendientes, en defecto de éstos los ascendientes y cónyuge o sobreviviente de una unión de hecho. En los casos del cónyuge o sobreviviente de la unión de hecho, el parentesco no justifica a los titulares de la legítima, sino la fundación de la familia, sea mediante el matrimonio o la unión de hecho.

A todos ellos, deben sumarse las personas que no son parientes, pero son parte de la estructura familiar que dependen del causante, pues ellos forman una comunidad de vida. Además, el concepto de familia, no unívoco, ha permitido el surgimiento de otras formas familiares que también requieren protección. Esto pasa por reestructurar la legítima para que sean legitimarios quienes se encuentren en estado de dependencia respecto del futuro causante y no solo los que mantienen una ligazón parental con él.

Los partidarios de mantener la legítima apelan a asegurar la continuidad familiar a través de la "defensa intergeneracional". Esta frase, como ya lo hemos señalado, se deriva de una sentencia del Tribunal Constitucional de Alemania, del 19 de abril del 2005, donde se señaló que la legítima de los hijos es constitucional como manifestación del principio intergeneracional, con independencia de que los legitimarios se encuentren en estado de necesidad o no (citato por Parra, 2009, p. 497). Según Parra, la defensa de la continuidad de la institución familiar no se mide en función de atender necesidades básicas, sino en que los hijos, por su condición de tales, tienen el derecho constitucional a heredar de sus padres.

Nosotros consideramos que esa defensa cerrada de la legítima, basada en una suerte de protección constitucional de la familia y su continuidad, adolece de un problema presente en los últimos tiempos, que se relaciona con la institución familiar. Si el argumento de la continuidad familiar a través de la defensa de las generaciones fuera un hecho inobjetable, es decir, el concepto de familia como comunidad de personas unidas por vínculos de parentesco se mantuviera como una verdad absoluta, la tesis cobraría importancia. No obstante, vemos que la familia está variando en su naturaleza, e incluye a personas con vínculos parentales y otras que no lo tienen. En el último supuesto, la legítima no cumpliría su objetivo de asegurar la continuidad de las generaciones futuras ligadas por el parentesco. Además, la resolución del Tribunal Constitucional de Alemania solo alude a los descendientes del causante y no a los otros legitimarios, como el cónyuge o el sobreviviente de la unión de hecho. Si efectivamente desea cumplir con el objetivo mencionado, la legítima también debería cubrirlo para asegurar la existencia de nuevas generaciones.

El argumento que esgrimimos en línea precedente, como la creación de una suerte de copropiedad familiar, basado en el patrimonio de la familia, que sustenta a la legítima, se resume en que la formación del patrimonio no solo responde al trabajo del futuro causante, sino que comprende el de todos los integrantes del grupo familiar. Ellos habrían ayudado en la formación de ese patrimonio que más tarde será el acervo hereditario y, en esa medida, tienen una expectativa de derechos sobre él que se hará efectiva cuando ocurra el deceso del causante. Este argumento parece ser el más débil para sostener la legítima porque, en puridad, quien genera riqueza es una persona debidamente identificada a través de la titularidad de los bienes y derechos. A ella se le reconoce la propiedad con todas las facultades y la garantía de su ejercicio que está protegido por la Constitución.

En realidad, no existe una copropiedad familiar derivada de la institución familiar. Dentro de un régimen de sociedad de gananciales el patrimonio social comprende el conjunto de bienes y derechos que pertenecen a la sociedad conyugal. Sin embargo, esta no genera una persona jurídica independiente de sus integrantes, aunque la familia cumple una función económica. Así, la normatividad peruana establece dos regímenes para definir las relaciones económicas al interior de la familia. Uno es la sociedad de gananciales y el otro, la separación de patrimonios.

Por un lado, en la sociedad de gananciales, los cónyuges comparten el activo y pasivo del patrimonio que se forma a lo largo de la vida matrimonial. Sin embargo, este no es una copropiedad, en tanto que los bienes y derechos pertenecen a la sociedad de gananciales que viene a ser una sociedad de resultados, Además, si bien los consortes tienen titularidad sobre cada uno de los bienes y derechos, esta no se encuentra identificada sobre cada uno en específico. Lo que poseen es una cuota o alícuota indeterminada que solo se conocerá cuando la sociedad termine y se liquide. Mientras eso no ocurra, se trata de una sociedad de resultados, en donde no es posible identificar titularidades ni disponer de ellas. En cambio, en la copropiedad, que nace por disposición de la ley o por la voluntad de las personas, los titulares de las participaciones están identificados. Por tanto, cada copropietario es titular de su participación y puede ejercer los atributos de la propiedad sin consultar a los otros copropietarios.

Por otro lado, en el régimen de separación de patrimonios, los bienes y derechos de cada cónyuge están separados y los titulares están identificados. Además, los cónyuges actúan como si no existiera matrimonio y son propietarios de los bienes que hayan llevado o que adquieran dentro de este. En conclusión, para la ley peruana no existe un patrimonio de la familia y, por ende, no se reconocen expectativas de derechos que puedan generar la legítima a favor de los herederos forzosos.

Adicionalmente, el concepto de familia implica un interés común que pasa por la ayuda entre todos sus integrantes en todo ámbito. Todos actúan o deben actuar en función de que la familia no solo atienda sus necesidades básicas, sino que permita el desarrollo personal. En esa medida, si los familiares del futuro causante han ayudado a formar el patrimonio, esa ayuda está inmersa dentro de la asistencia mutua que se deben. Lo mismo sucede con el deber legal y moral de los padres de alimentar a sus hijos, así como estos, en reciprocidad deben ayudar a sus padres, según lo dispone el Código de los Niños y Adolescentes en la parte sobre patria potestad (2000, art. 74, inc. g). Por lo tanto, no se trata de que la cooperación brindada por los integrantes del núcleo familiar les genere un derecho que más tarde puedan reclamar como propio. En consecuencia, la legítima no se justifica en un supuesto derecho de los legitimarios que se origina en su colaboración con la formación del patrimonio.

5.3. LOS ALIMENTOS COMO FUNDAMENTO DE LA LEGÍTIMA

El jurista peruano Castañeda, comentador cuasi oficial del Código Civil de 1936, señala, citando a Messineo (1956), que "[e]l testador debe siempre respetar la legítima. Esta viene a ser una especie de obligación alimentaria" (1975, p. 196). Opiniones similares encontramos en autores como Orlardini (2009) para quien la asistencia familiar, entiéndase alimentos, es un deber moral que termina convirtiéndose en legal. Por ello, la autora afirma que tanto la legítima como los alimentos *post mortem* son obligaciones legales en resguardo del interés familiar. De este modo, la legítima tendría como fin proteger los alimentos de los familiares cercanos y directos del causante, luego de su fallecimiento, mediante la reserva de una parte de su patrimonio.

Algunos autores consideran que las obligaciones familiares no se extinguen con la muerte del causante, sino que continúan después de esta. Al respecto, Fernández Arce a afirma que "[...] la subsistencia y educación son derechos y obligaciones que trascienden a la muerte del causante [...]" (2014a, p. 572). Asimismo, Orlandini afirma que "[...] la asistencia familiar es considerada como un deber moral que al ser reconocido por la ley asume naturaleza de obligación, es así que se consagra la legítima, lo alimentos post mortem [...]" (2009, p. 55).

Nosotros no compartimos estas afirmaciones porque es un hecho ineludible que la muerte pone fin a la persona. En tanto el sujeto de derecho deja de serlo, sus obligaciones, por ejemplo, los alimentos, se extinguen con la muerte del obligado (Código Civil, 1984, art. 486), esto no significa que los acreedores alimentarios se queden desamparados, sino que otros parientes vienen ahora a ocuparse de esos alimentos, en una suerte de prelación de deudores alimentarios. Existen otras legislaciones, como las de Costa Rica y Guatemala que conceden el derecho de testar en forma irrestricta, pero dejan cubiertos los alimentos de los dependientes del causante, aunque ello no significa que este siga existiendo como obligado alimentario.

Nos interesa hacer un análisis crítico de la firmeza y certeza de nuestro argumento de que los alimentos no son las únicas razones que terminan justificando la legítima.

Partimos por reconocer que el instituto jurídico de los alimentos descansa en el estado de necesidad de quien lo solicita. Por ello, los alimentos solo se justifican si las personas que los pretenden no pueden obtenerlos por su propia cuenta.

Los alimentos están protegidos por una serie de normas de naturaleza civil, procesal, administrativa, penal y otras, que garantizan el derecho a gozarlos. Ello en función de cumplir con un derecho que es de urgencia y sirve para la vida del ser humano.

Si este es el argumento para mantener la legítima, ella solo estaría justificada para las personas que se encuentren en situación de vulnerabilidad al fallecer el causante, y, por ello, tendrían el derecho de recibir una parte de su patrimonio. Sin embargo, los beneficiarios de la legítima, que no se encuentren en estado de necesidad al momento de abrirse la sucesión, deberían quedar fuera, contrario a lo que sucede en el presente debido a que la normatividad no exige el estado de necesidad.

Además, si el causante tiene entre sus familiares a personas que dependen de él, debería estar obligado a considerarlos como beneficiarios del patrimonio para garantizar su derecho a alimentos. En dicho supuesto, sí quedaría justificada la legítima. En conclusión, esta solo se explicaría cuando existan familiares dependientes del causante, pues no bastaría el parentesco como criterio determinante para convertir a algunos de ellos en legitimarios.

5.4. NUESTRA POSICIÓN SOBRE LA LEGÍTIMA Y EL DERECHO A LA LIBERTAD

Se dice que la legítima impone al causante una conducta que él no necesariamente comparte. Se trata de que, por mandato de la ley, el causante debe, sin lugar a opción, reservar una parte de su patrimonio para los herederos forzosos. Desde nuestra perspectiva, si el causante siente que debe proteger a sus familiares, como un deber natural antes que legal, destinará una parte de su patrimonio a la atención de necesidades elementales, sin la existencia de imposiciones. No queda claro porqué la ley parte de la suposición de que el causante siempre tiene personas dependientes de él. Se trataría de una generalización legal y errónea sobre la situación de dependencia de los familiares cercanos del causante.

La libertad es un derecho fundamental de la persona que está como anexado a su dignidad de ser humano. Este se concibe como pensante y con capacidad para tomar sus propias decisiones sin la conducción de nadie. Las excepciones son los casos de discapacidad que tienen una regulación legal especial. Sin embargo, la libertad trae consigo responsabilidad, que implica responder por sus propios actos; este es su límite. Por otro lado, toda sociedad tiene principios de orden ético y moral que permiten la coexistencia pacífica dentro de un colectivo. En aras de hacerlos respetar, se establecen reglas de comportamiento que limitan la libertad de las personas en situaciones concretas.

Las normas imponen determinadas conductas por razones de utilidad o necesidad social (casos de desastres naturales, terrorismo o guerra) o restringen la libertad de las personas en aras de defender otros derechos fundamentales. Es el caso del instituto jurídico de los alimentos, en que la persona se ve compelida a actuar de una determinada forma sin que se le solicite autorización. Se le obliga a destinar parte de sus ingresos a los acreedores alimentarios; se le impone la constitución de garantías reales o hipotecarias para asegurar los alimentos; o se le priva de libertad en casos de omisión a la asistencia familiar. Entonces, la libertad no puede concebirse como un valor supremo sin limitaciones o restricciones necesarias para una coexistencia pacífica.

En el caso de la legítima, la pregunta sería si existe alguna razón social que justifique la imposición de una conducta. Los partidarios de la supresión de la legítima señalan que no existe una justificación social; sin embargo, olvidan que los nexos familiares basados en el parentesco consanguíneo generan ciertos derechos y deberes. Uno de ellos se produce cuando el causante estuvo obligado a atender a los parientes dependientes de él; dependencia que permanecerá luego de su deceso. En ese caso, sería válido exigir al futuro causante que reserve parte de su patrimonio; en otros términos disponga de todo su patrimonio a favor de terceros para evitar que desproteja a sus parientes. Lo contrario conllevaría un atentado contra el orden natural al que llama la familia, en donde se presume la existencia de una solidaridad entre sus miembros. Esta pasa por atender a los parientes necesitados, como señala Borda (1963), lo cual ocurre en sociedades como la nuestra.

Desarrollando el sustento de la legítima para que se mantenga en la legislación, con cambios sustantivos que más adelante describiremos, contestamos a los que proponen la supresión de la legítima, y en este caso apelan al argumento de la lesión de la propiedad

En cuanto a la lesión a la propiedad por la legítima; en efecto, la Constitución peruana establece el derecho fundamental de toda persona a acceder a la propiedad. Esta se entiende como el poder jurídico de usar, disfrutar, disponer y reivindicar un bien o conjunto de bienes. La legítima restringe la facultad de disposición sobre los bienes de su pertenencia, pues la ley obliga al titular a reservar una parte de su patrimonio que será destinado a los herederos forzosos. Se trata de una limitación a la facultad de libre disposición porque el titular no puede desprenderse de su patrimonio por actos de liberalidad. Sólo puede utilizar una parte de este ya que la otra parte está reservada a los legitimarios.

Si bien es cierto que los argumentos ya comentados en líneas precedentes son aparentemente atendibles, también lo es que la legítima permite, en un buen número de casos, la protección efectiva de los miembros de una familia en estado de necesidad. Además, la limitación al derecho de propiedad solo está referida a los actos de liberalidad del causante, pero no a los onerosos; y la restricción no cabe cuando no existen herederos forzosos, pues en ese caso el causante tiene libertad irrestricta sobre su patrimonio.

Entonces no se trata de una limitación absoluta sino parcial, pero la crítica es adecuada al señalar que la propiedad es inviolable, salvo casos de necesidad o interés social. La legítima solidaria que proponemos podría encontrarse en este último rubro, es decir, para casos de personas vulnerables y dependientes del causante en vida que continuarán en esa situación, como los discapacitados, menores de edad o personas sin posibilidad de generar recursos. En esa medida, sí habría una razón social para mantener la legítima.

En última instancia, la idea ínsita en la legítima es la defensa de la familia. Al respecto, Revoredo señala que el Derecho sucesorio debe cumplir, principalmente, una función económica de protección familiar (1980, p. 743). Esta se encuentra no solo en la legítima, sino también en la preferencia para la adjudicación de la casa conyugal a favor del consorte supérstite y en el derecho de habitación vitalicio del cónyuge sobreviviente. En estos casos, se observa una restricción a la propiedad, pues los nuevos titulares de los bienes causados que comprende al cónyuge viudo, no pueden disponer de sus derechos por mandato expreso de la ley. Esta restricción a la propiedad está en función de proteger a los integrantes del grupo familiar.

Empero hemos dejado para lo último, un argumento del que se valen los que pregonan la supresión de la legítima, y nosotros consideramos que eso es una falacia, y esta consiste en lo siguiente hacernos creer que por la legítima el titular de los bienes y derechos no puede disponer de ellos, por la existencia de la legítima, que lo obliga a reservar una parte del patrimonio que posteriormente pertenecerá a los legitimarios, pues bien reservar no es prohibir, ésta obligaría a los futuros causantes a no poder realizar ningún acto jurídico sobre sus bienes y derechos, mientras estén vivos, y eso no es así, el titular sigue siéndolo y goza de todas las facultades que le otorga el derecho a la propiedad, en particular la disposición en todas las formas que se traduce, vender, permutar, donar y demás; lo que señala la legítima es una suerte de prevenir a los titulares de los bienes, que existe esta reserva, la cual no le impide actuar sobre su patrimonio económica en vida del causante, sino que esa reserva se tomará en cuenta, cuando el causante lo sea, es decir falleció y se abrió la sucesión; en ese momento, se verá si las liberalidades otorgadas en vida del causante han afectado la legítima, lo que conlleva a que los beneficiarios de esas liberalidades queden obligados a colacionar, y si esas liberalidades fueron a favor de terceros no legitimarios, si éstas calzan con la cuota de libre disposición, si es así, no tendrán problema alguno, pero si exceden la porción disponible, deberán sufrir reducción, hasta hacerlas coincidir con la porción disponible, y así los legitimarios recibirán su cuota íntegra.

De lo expuesto, concluimos que, si bien la legítima restringe parcialmente las facultades dominales, esta limitación debería hacerse en función de atender necesidades de las personas dependientes del causante. Solo de esa forma, la legítima estaría cumpliendo su función solidaria, tuitiva y protectora de la familia.

También se ha señalado que la legítima no está cumpliendo el fin de asistencia en favor de los legitimarios; este argumento es atendible porque, en un buen número de casos, cuando ella debe efectivizarse, los llamados a recibirla ya no viven con el causante, no se encuentran en estado de necesidad y, por ende, no requieren de parte del patrimonio. Por ello, proponemos que solo los legitimarios en estado de necesidad gocen de la legítima, siempre que, como ocurre con los alimentos, se encuentren en situación de vulnerabilidad. Solo así la legítima cumple un fin social y da sentido a la solidaridad familiar, la cual se traduce en la ayuda que recibirán a través de la porción legitimaria.

CAPÍTULO VI

6.1. HACIA UNA LEGÍTIMA SOLIDARIA

El análisis crítico realizado a las teorías que abogan por la permanencia o supresión de la legítima nos ha permitido extraer varias e importantes ideas que nos llevan a asumir la posición en favor de su permanencia por el fin social que cumple. La legítima solidaria es denominada legítima asistencial en la legislación cubana, pero nosotros la concebimos con una óptica más tuitiva que descansa en valores de convivencia y de solidaridad familiar. Sin embargo, esta debe cumplir una función de ayuda de aquellos que, dependiendo del causante en vida, seguirán en esa situación luego de su fallecimiento.

Como ya lo hemos señalado los que se pronuncian por la permanencia de la legítima acuden a la tesis de que esta existe para proteger a la familia. Si ello es así, es necesario considerar que la familia no es la misma de comienzos del siglo XX, sino que ha variado en su fundación y composición. Si queremos seguir sosteniendo este argumento, tenemos que concebirlo en el marco de los pronunciamientos del Tribunal Constitucional sobre las actuales formas de familia que seguirán apareciendo y de la protección del Estado para toda ellas.

También se señala en favor de la legítima que es una suerte de defensa intergeneracional. Se reserva una parte del patrimonio para posibilitar la continuidad familiar a través de las nuevas generaciones, que tendrían una parte del patrimonio del causante a su favor. Sin embargo, consideramos que la legítima no puede proteger a todas las generaciones futuras porque no todas están en situación de necesidad y requieren ayuda. Esta tesis solo tendría sentido si, al producirse el cese del causante, aquellas se encuentran en situación de vulnerabilidad. Existe un buen número de casos en que, quienes deberían recibir la legítima son personas adultas, entonces se debe considerar que la probabilidad de vida se ha extendido y que no se hallan en estado de necesidad; por lo tanto, la legítima en esos supuestos pierde sentido social.

Se dice que la legítima vendría a ser una expectativa de derechos de los integrantes de la familia, en tanto que ellos, directa o indirectamente, han contribuido a la formación del patrimonio familiar. El patrimonio no solo sería de los jefes de familia (entiéndase los padres), sino de la familia como institución porque ese patrimonio fue formado con la colaboración de ellos.

En esa medida, al fallecer el causante, los integrantes de la familia verían concretado su derecho y participan de la legítima. Este argumento es el más frágil porque la familia occidental y cristiana que es la más numerosa en nuestro continente, tiene un interés común a todos sus integrantes. Ello implica que todos aporten dentro de sus posibilidades para que la familia pueda desarrollarse y, en efecto, así ocurre. Basta cotejarlo en las normas sobre la patria potestad, pues en los atributos de esta institución existen deberes y derechos no solo de los padres, titulares de la patria potestad, sino también de los hijos. Entonces, la ayuda que brindan los integrantes de la familia en la formación del patrimonio constituye el cumplimiento de un deber familiar. A cambio de ello reciben protección, alimentos, educación, salud y otros beneficios. Todos colaboran porque sienten que son parte de una institución que les va a posibilitar su desarrollo personal. Por tanto, los aportes de los integrantes de una familia, se entienden en función de que están cumpliendo un deber que les corresponde como parte de la estructura familiar a la que pertenecen. Por lo tanto este argumento es bastante frágil para sustentar la nueva legítima solidaria, que descansa en otros factores.

Sobre los alimentos diremos que los que abogan por esta tesis, como un soporte de la legítima ya que trata de derechos fundamentales, una suerte de concreción del derecho a la vida. Al respecto, nadie puede negar la importancia y trascendencia del instituto jurídico de los alimentos, en tanto que su destino es preservar la vida humana. Por ello, se genera una relación obligacional alimentaria donde, por un lado, se encuentra el acreedor alimentario, persona en estado de necesidad, y, por el otro, el deudor alimentario que casi siempre es un pariente. Entonces, se cuida y protege que los alimentos lleguen a su destino, y para eso existe un conjunto de normas que regulan quiénes integran la relación alimentaria, cómo se solicita, de qué forma se fija el quantum y que garantías se establecen para su cumplimiento a través de medidas que pasan por las disciplinas jurídicas procesales, civiles y penales. Este argumento si es considerado en la nueva legítima solidaria.

Sin embargo, los alimentos solo existen cuando el que los solicita demuestra su estado de necesidad. Si la legítima tiene su soporte en el cumplimiento de los alimentos, solo debería beneficiar a los que se encuentran en estado de necesidad y, como se observa en nuestra legislación, es irrelevante si los legitimarios se encuentran en estado de necesidad o no, porque de todas maneras tendrán la calidad de legitimarios, y eso es lo que se pretende cambiar en la legítima solidaria.

Por otro lado, los alimentos como obligación del deudor se extinguen por la muerte de éste. Entonces, si el causante debe alimentos y ocurre su deceso, esa obligación se extingue. Esto no quiere decir que el necesitado de alimentos se queda abandonado porque la legislación ha establecido un orden de deudores alimentarios. Además, la norma señala que la muerte del deudor alimentario es una causal para que la obligación se desplace al que se encuentre en segundo lugar, quien se convierte en el obligado principal, empero mientras ello ocurra, los legitimarios pueden aprovechar de la reserva que constituye la legítima..

En el caso de los que solicitan la supresión de la legítima, basan su crítica en que esta termina violentando derechos fundamentales, como la libertad y la propiedad, y atenta contra el comercio, y en un gran número de casos, no cumple el fin que tiene, y que no es otro que el de socorrer al pariente necesitado, protegiéndolo con una parte del patrimonio que fue del causante.

A todos estos argumentos hemos respondido, y estamos seguros de haber salido bien librados de esos ataques contra la legítima, sin embargo debemos reconocer que ésta, tal como hoy está regulado, da pie para esas críticas, por ello se hace necesario una reestructuración de la legítima para que cumpla sus fines, y como lo señala Revoredo ya citado, el Derecho sucesorio y sus instituciones que la integran, deben tener como fin proteger económicamente a la familia.

6.2. PAUTAS DE LA LEGÍTIMA SOLIDARIA

La legítima solidaria es la obligación que tiene el causante de reservar una parte de su patrimonio para atender a las personas que, encontrándose en estado de necesidad, dependan de él. Ello implica que el causante en vida genere acciones que conduzcan a formar un patrimonio, del cual una parte será destinado a formar la legítima, logrando con ello que, fallecido el causante, sus familiares no queden desatendidos de sus necesidades, y ello se lleva a cabo a través de esa reserva que establece la ley. En consecuencia la legítima solidaria se traduce en la reserva de la parte de su patrimonio señalada por ley.

En todo grupo familiar, sus integrantes tienen intereses comunes porque se desarrollan como personas dentro de ese espacio. Ese interés común es conocido como el interés familiar y se superpone al interés individual de sus componentes; los hace colaborativos, solidarios y prestos a atender las necesidades en la familia. Por ese motivo, surge una suerte de solidaridad familiar, la cual se traduce en la ayuda mutua que se dispensan. En el caso de los alimentos, esta solidaridad se lleva al plano normativo cuando se convierte en precepto legal, y lo mismo debe ocurrir con la legítima. Entonces, en el campo del Derecho sucesorio, tanto en la sucesión intestada como en la testamentaria, se establece un límite a la facultad del causante de disponer a título de liberalidad cuando existen personas de su entorno familiar que se encuentran en estado de necesidad.

6.3. LEGITIMARIOS

Los legitimarios son los descendientes del causante por naturaleza, pero todos deberán encontrarse en estado de necesidad y bajo la dependencia del futuro causante. En el caso de los menores de edad, el estado de necesidad no tiene que probarse, mientras que, en el caso de los mayores de edad, sí debe acreditarse. La vulnerabilidad de estos últimos se traduce en una discapacidad que no le permita generar recursos propios o en la necesidad de seguir estudios o tratándose de adultos mayores que no generan rentas.

También el cónyuge o sobreviviente de la unión de hecho es legitimario, pero solo si se encuentra en estado de necesidad. De forma excepcional, la legítima comprenderá a las personas que no son parientes del causante, pero forman parte de la estructura familiar y son dependientes de él. En este caso, el requisito indispensable para gozar de la legítima consiste en probar que son parte de la familia del causante, es decir, demostrar una convivencia permanente, continua y directa en ella.

6.4. CUOTA LEGITIMARIA

El que tiene legitimarios, debe reservar una parte de su patrimonio equivalente al 50%, los cuales no pueden ser dispuestos a título de liberalidad. Una vez ocurrido el deceso del causante, la legítima se obtiene reconstruyendo su patrimonio. Ello implica restar el pasivo del caudal relicto, es decir, los bienes, derechos y obligaciones que se encuentren a la muerte del causante, y deberá sumarse al patrimonio neto, el valor de los bienes dados a legitimarios o terceros a título de liberalidad. En el caso de legitimarios, para descontar de su cuota hereditaria el importe del valor de los bienes recibidos, ello procede con la figura de la colación y, en el caso del tercero, para reducir del valor de los bienes, lo que exceda de la porción disponible. Una vez reconstruido el patrimonio hereditario, la legítima será el 50% de este y deberá ser repartido entre todos los legitimarios en partes iguales o adjudicando al legitimario único. En el caso de que no existan legitimarios, todo el patrimonio será distribuido entre los parientes no legitimarios, y terceros que hayan sido parte integrante de la estructura familiar a la que el causante perteneció.

6.5. LA LEGÍTIMA EN LA SUCESIÓN TESTAMENTARIA

Si el causante decide ejercer su derecho de ordenar su sucesión vía testamento y tuviere legitimarios, deberá instituirlos como sus herederos y destinar el 50% de su patrimonio para ellos. La legítima no podrá ser condicionada y las modalidades del acto jurídico establecidas por el testador se tendrán como no puestas. El testador está facultado para distribuir la legítima entre sus herederos necesarios según su criterio, teniendo en cuenta su menor o mayor necesidad. Para ello, él fijará porciones del 50% entre todos o establecerá que todo el 50% solo pertenezca a uno de ellos. El 50% restante, que es su cuota de libre disposición, podrá destinarla a las personas que crea convenientes, prefiriéndose a los parientes no legitimarios. Incluso, todo o parte de esa porción disponible puede derivarse a los legitimarios o a uno de ellos, pero eso se considerará como legado y no será parte de la legítima.

Si el testador no tuviese legitimarios, tiene libertad irrestricta de testar y puede instituir herederos voluntarios, prefiriéndose a los parientes no legitimarios, designar la parte que les corresponde o adjudicar sus bienes en legados, para lo cual, debe instituir a los legatarios. Sin embargo, si el testador tiene legitimarios, pero no los instituye como sus herederos necesarios, habrá preterido. En ese caso, los legitimarios podrán impugnar el testamento con la finalidad de que se cumpla con la entrega de su porción legitimaria, y la cuota de libre disposición quedará para los herederos voluntarios designados de forma indebida. Ellos concurrirán a la herencia como legatarios.

Los legitimarios necesariamente son herederos del causante, salvo el caso de los no parientes que viven formando parte de la estructura familiar. La calidad de legitimario no sólo deriva del parentesco con el causante, sino también del hecho de formar parte de su familia.

6.6. LA LEGÍTIMA EN LA SUCESIÓN INTESTADA

La sucesión intestada es la que domina en el Perú. La mayoría de personas no testan por diversas razones, como el desconocimiento, las formalidades, los costos o las creencias de que el acto de testar es un preámbulo a la muerte. No obstante, lo más gravitante es que pocas personas tienen un patrimonio significativamente económico. Debido a ello, la sucesión intestada descansa en la ley, que se encarga de llamar a los herederos, denominados herederos legales. Lo hace bajo el criterio dominante del parentesco con el causante, salvo en el caso de la cónyuge o concubina que se basa en la condición de fundadora de la familia junto con él.

Si el causante en vida no otorgó liberalidades, la mitad del patrimonio existente al ocurrir su deceso deberá repartirse entre los legitimarios. En este supuesto, también debe considerarse al sobreviviente de la unión de hecho en defecto del cónyuge supérstite. La mitad sobrante del patrimonio se distribuirá entre los herederos legales no legitimarios. Para ello, se seguirá el principio de que el pariente más próximo en grado al causante excluye al más remoto, salvo los casos de representación sucesoria. En cambio, si el causante otorgó liberalidades en favor de los legitimarios, el valor de éstas será descontado de la cuota que les corresponde. Finalmente, si las liberalidades fueron otorgadas en favor de terceros ajenos al entorno familiar, el valor que exceda de la cuota de libre disposición deberá ser reintegrada para ser destinada en favor de los legitimarios.

6.7. EL DERECHO DE HABITACIÓN DEL CÓNYUGE SUPÉRSTITE O SOBREVIVIENTE DE LA UNIÓN DE HECHO

Nuestra legislación sucesoria contempla el derecho de habitación sobre el inmueble que fue el hogar familiar como un derecho adicional a la legítima. Para posibilitarlo, las normas otorgan a la supérstite, que concurre con otros sucesores, la posibilidad de seguir viviendo en el inmueble por el resto de sus días.

Con ello afecta el derecho de los otros sucesores, los cuales tendrán la nuda propiedad sobre el inmueble conforme a su participación en la sucesión, pero no podrán partir hasta que se extinga el derecho de habitación. Este derecho no deriva del causante, sino que nace en cabeza del cónyuge supérstite; se trata de un derecho adicional a su calidad de cónyuge por el cual hereda. El causante no puede prohibir el ejercicio de ese derecho porque no es parte de la legítima ni del patrimonio hereditario. El derecho de habitación no está en el caudal relicto que aparece a la muerte del causante; sin embargo, nace a propósito de ella. Por eso se considera un Derecho sucesorio *sui géneris*, pues, no siendo *parte de la herencia* dejada por el causante, nace al abrirse su sucesión.

En cuanto a la naturaleza jurídica del derecho de habitación y, por lo señalado líneas arriba, consideramos que el derecho no es *pars hereditatis*, aunque el beneficiario tiene que ser heredero del causante, cónyuge o sobreviviente de la unión de hecho. Se podría inferir que entonces sería *pars bonorum*; sin embargo, no es así, porque la condición para ejercer el derecho de habitación vitalicio es la calidad de heredero del cónyuge supérstite. Además, la concreción del derecho es el uso del inmueble que fue el hogar conyugal. La naturaleza jurídica del derecho de habitación viene a ser un legado que no nace del causante sino de la ley que crea esa figura y consiste en un beneficio económico en favor del cónyuge sobreviviente. Se trata de un legado legal porque su fuente es la ley que se basa en consideraciones de orden personal o sentimental.

El derecho de habitación, como se ha señalado, no forma parte de la legítima; sin embargo, goza de la protección que esta le da. Se trata de normas de orden público contra las cuales no se puede ir; incluso el causante no puede establecer la prohibición del derecho. Esta institución ha merecido críticas atendibles porque termina recortando los derechos de los otros sucesores que, a pesar de no perder su derecho de propiedad, no pueden ejercerlo sobre el bien. Además, las razones en que descansa el derecho de habitación no son de derecho y terminan siendo subjetivas. Los sustentos son principalmente sentimentales porque se basan en el nuevo estado de la viuda sin su compañero de toda la vida y su deseo de seguir viviendo en lo que fue la casa conyugal. Se trata de razones personales que pueden ser atendibles, pero que no descansan en derechos derivados del causante.

La viuda tiene derechos sobre el inmueble en el que recaerá el derecho de habitación e, incluso, si se trató de un bien social, su participación será mayoritaria porque debe sumarse su cuota hereditaria a sus gananciales. Por lo tanto, el mayor porcentaje del valor del inmueble corresponde a la supérstite. No obstante, los otros sucesores que concurren con la viuda también tienen derechos sobre el inmueble, pero por la afectación que implica el derecho de habitación, tendrán que esperar su extinción para hacer efectivo el cobro de sus cuotas hereditarias.

No podemos negar que, en determinados supuestos, el derecho de habitación cumple un papel noble en defensa del cónyuge supérstite, quien desea continuar viviendo en el hogar conyugal. De lo contrario, este deseo podría verse frustrado pues sus coherederos solicitarían la partición del bien, que implica su venta, en uso del derecho reconocido en la ley. Desde nuestro punto de vista, el derecho de habitación debe ser ejercido solo en casos donde el supérstite no tiene posibilidades de cancelar el importe de las cuotas hereditarias que los otros sucesores tienen sobre el bien; en caso contrario, se estaría cometiendo un abuso del derecho.

6.8. PROPUESTA LEGAL DE LA LEGÍTIMA SOLIDARIA

Nuestra propuesta para la regulación de la legítima solidaria es la siguiente:

Artículo 1: De la legítima solidaria

Entiéndase por legítima solidaria la porción del patrimonio del causante que se encuentra reservado a favor de los legitimarios y que aquel no puede disponer a título de liberalidad. El legitimario siempre es un heredero, salvo el caso excepcional de la persona que, sin ser pariente del causante, viva formando parte de la estructura familiar y dependa de él.

Artículo 2: De los legitimarios

Son los descendientes, el cónyuge o, si fuera el caso, el sobreviviente de la unión de hecho que se encuentren en estado de necesidad a la muerte del causante. A ellos se suma, si fuera el caso, las personas que, con vínculo parental o sin él, vivan con el causante dependiendo de él y formando parte de la estructura familiar. En el caso de los ascendientes, solo serán legitimarios si al fallecer el causante son dependientes de éste y se encuentren en estado de necesidad.

Artículo 3: De la probanza del estado de necesidad

Si se trata de personas menores de edad, se presume su estado de necesidad y si fueran mayores de edad, su condición de discapacidad es un elemento importante para tenerlo como dependiente. En todos los otros casos, quien alegue su condición de insuficiencia deberá probarla.

Artículo 4: Referente patrimonial para obtener la legítima

Entiéndase por caudal relicto, los bienes, derechos y obligaciones que aparecen a la muerte del causante.

Entiéndase por patrimonio neto, el resultado de deducir al caudal relicto el pasivo, dentro del cual se comprende las deudas y cargas de la herencia.

Entiéndase por patrimonio reconstruido, el patrimonio neto más el valor de las liberalidades que el causante otorgó en vida.

La legítima se obtiene del patrimonio reconstruido.

Artículo 5: De las cuotas legitimarias

A los legitimarios les corresponde el 50% del patrimonio del causante. Esta cuota se repartirá en partes iguales entre todos los legitimarios que existan.

Si se trata de una sucesión testamentaria, el testador tendrá libertad para destinar la legítima entre todos los legitimarios estableciendo partes o concederla a uno de ellos.

Artículo 6: De la diferencia entre gananciales y cuota hereditaria

La legítima del cónyuge es independiente de los gananciales que le pudieran corresponder al liquidarse la sociedad de gananciales.

Artículo 7: De la cuota de libre disposición

La porción disponible es el 50% del patrimonio y si no existieran legitimarios, todo el patrimonio hereditario será de libre disposición.

Artículo 8: De la intangibilidad de la legítima

No se puede pactar contra la legítima ni menoscabarla. Cualquier disposición que afecte la legítima será inoficiosa y no producirá efecto alguno.

Artículo 9: Del derecho de habitación del cónyuge supérstite o, si fuera el caso, del sobreviviente de la unión de hecho

Si el cónyuge supérstite o sobreviviente de la unión de hecho concurre con otros sucesores y sus gananciales más la cuota hereditaria no alcanzaran para adjudicarse la casa conyugal, o al concurrir con legatarios, su cuota hereditaria no alcanzara para adjudicarse la casa conyugal, podrá ejercer el derecho de habitación gratuito y vitalicio sobre el inmueble que fue el hogar conyugal.

El derecho de habitación también se aplica en casos donde el causante y su consorte vengan de un régimen de separación de patrimonios.

El derecho de habitación afecta la cuota de libre disposición del causante y, si fuere necesario, las cuotas de los herederos.

El derecho de habitación recae sobre la diferencia existente entre el valor del inmueble y el importe de gananciales, más cuota hereditaria. Este derecho implica que los sucesores concurrentes con el cónyuge supérstite no pueden ejercer su derecho de partición sobre el inmueble hasta que se extinga el derecho.

Se extingue el derecho de habitación por muerte, renuncia, contraer matrimonio o entrar a una relación concubinaria. Para este último supuesto debe entenderse una vida de pareja por más de dos meses en forma permanente y continua.

Bibliografía

Acuerdo Nacional. (22 de Julio de 2002). Lima: Acuerdo Nacional. Obtenido de https://www.mesadeconcertacion.org.pe/sites/default/files/acuerdo_nacional.pdf

Aguilar, B. (2014). Manual de Derecho de Sucesiones. Lima: Instituto Pacífico.

Aguilar, B. (2016). Tratado de Derecho de familia. Lima: Lex & Iuris.

Aguilar, B. (2025). Sucesiones Intestada. Instituto Pacífico.

Albaladejo, M. (1975). Instituciones del Derecho Civil (Vol. II). Barcelona: Bosch.

Aliaga, C. (2005). Antecedentes históricos de la legítima en el derecho romano y germano. Revista Jurídica del Perú(65), 25-49.

Aliaga, C. (2007). Estudio de la colación en el ordenamiento sucesorio peruano. Nueva perspectiva. Tesis para obtener el grado de abogado. Lima: Facultad de Derecho, Pontificia Universidad Católica del Perú.

Argentina, C. d. (7 de octubre de 2014). Código Civil y Comercial de la Nación. [Ley 26.994].

Arias Schereiber, M. (1986). Exégesis del Código Civil Peruano de 1984. El Callao: Ediciones Rocarme.

Barbero, D. (1967). Sistema del Derecho Privado (Ediciones Jurídicas Europa-América ed., Vol. V). (S. Santis Melendo, Trad.) Buenos Aires.

Bercovitz, R. (2009). Derecho de Sucesiones. Madrid: Tecnos.

Biondi, B. (1960). Sucesión testamentaria y donación (Segunda ed.). (M. Fairén, Trad.) Barcelona: Bosch.

Bolaños Rodríguez, M. Á. (2013). El caso de la legítima hereditaria. Retrato de una banalidad. Tesis para obtener el grado de magíster en Derecho con mención en Derecho Civil. Lima: Escuela de Posgrado, Pontificia Universidad Católica del Perú.

Borda, G. (1963). Manual de Sucesiones (Segunda ed.). Buenos Aires: Abeledo Perrot.

Busto Lago, M. (2015). Legítima y reservas. En R. Bercovitz, Manual de derecho civil: Sucesiones (págs. 207-248). Madrid: Tecnos.

Castañeda, J. (1975). Derecho de las Sucesiones (Segunda ed., Vol. II). Lima: Universidad Nacional Federico Villarreal.

Castañeda, J. E. (1966). Código Civil. Concordancias y jurisprudencia de la Corte Suprema al día (Tercera ed.). Lima: Eugenio Castañeda.

Clemente de Diego, F. (1959). Instituciones de derecho Civil español (Vol. III). Madrid: Artes Gráficas Julio San Martín.

Colmenares, A. (2017). Libertad testamentaria, en Roma. Una aproximación a propósito del estado actual de la cuestión en Colombia. En J. Adame, & H. Heredia, Estudios Latinoamericanos de Derecho Romano (págs. 233-256). México DC: Instituto de Investigaciones Jurídicas UNAM.

Congreso Constitucional de la República de Costa Rica. (28 de Setiembre de 1887). Código Civil de Costa Rica. [Ley 63]. Obtenido de http://www.casadelosriscos.com/documentos/codigo_civil_costa_rica.pdf

Congreso de Colombia. (26 de Mayo de 1873). Código Civil.

Congreso de la República. (30 de agosto de 1936). Código Civil. [Ley 8305].

Congreso de la República. (2 de Agosto de 2000). Código de los Niños y Adolescentes. [Ley 27337]. Obtenido de https://www.mimp.gob.pe/files/direcciones/dga/nuevo-codigo-ninos-adolescentes.pdf

Congreso de la República. (17 de abril de 2013). Ley que modifica el Código Civil, el Código Procesal Civil y la Ley 26662, a fin de reconocer derechos sucesorios entre los miembros de uniones de hecho. [Ley 30007]. El Peruano. Obtenido de http://busquedas.elperuano.pe/normaslegales/ley-que-modifica-los-articulos-326-724-816-y-2030-del-codi-ley-n-30007-925847-1/

Congreso de la República. (25 de marzo de 2013). Ley que modifica los artículos del Código Civil, Código Procesal Civil y la Ley 26662, a fin de reconocer los derechos sucesorios entre los miembros de uniones de hechos. [Ley 30007]. El Peruano. Obtenido de http://busquedas.elperuano.pe/normaslegales/ley-que-modifica-los-articulos-326-724-816-y-2030-del-codi-ley-n-30007-925847-1/

Congreso de la República de Cuba. (17 de Julio de 1987). Código Civil Cubano. [Ley 59]. Obtenido de http://www.wipo.int/edocs/lexdocs/laws/es/cu/cu005es.pdf

Congreso de la República de Guatemala. (14 de Septiembre de 1963). Código Civil de Guatemala. [Decreto-Ley 106]. Obtenido de http://www.wipo.int/wipolex/es/text.jsp?file_id=333379

Congreso de la República del Perú. (19 de enero de 1852). Código Civil.

Congreso de la República del Perú. (25 de julio de 1984). Código Civil [Decreto Legislativo 295].

Congreso Nacional del Chile. (14 de diciembre de 1855). Código Civil de la República de Chile.

Constitución de la República Federativa de Brasil. (24 de Enero de 1967). Obtenido de http://www.inap.mx/portal/images/pdf/lat/brasil/constitucion%20de%20brasil%201967.pdf

Constitución de la República Federativa de Brasil. (5 de Octubre de 1988). Obtenido de http://www2.congreso.gob.pe/sicr/cendocbib/con4_uibd.nsf/DB0906178F38C78105257D9A006D1B77/$FILE/Constituci%C3%B3n_Brasil.pdf

Constitución Política del Perú. [Const. 1993]. (29 de marzo de 1933). Lima: Congreso de la República del Perú. Obtenido de http://www4.congreso.gob.pe/historico/quipu/constitu/1933.htm

Corvetto Vargas, A. (1956). Manual elemental de Derecho Civil peruano (Segunda ed., Vol. II). Lima: Lumen.

De Gasperi, L. (1953). Tratado de Derecho Hereditario (Vol. III). Buenos Aires: Tea.

De la Fuente y Hontañón, R. (2014). Algunas consideraciones sobre una eventual reforma de las legítimas. A los 30 años del Código Civil peruano. En M. Torres, Estudios críticos sobre el Código Civil. Análisis crítico y actual de sus bases dogmáticas y de su aplicación práctica (págs. 689-796). Lima: Gaceta Jurídica.

De Pina, R. (1970). Elementos de Derecho Civil Mexicano (Segunda ed., Vol. II). México D.F.: Porrúa.

Delgado, J. (2012). Reflexiones sobre la libertad de testar y sus límites en particular la moral y el principio de no discriminación . Zaragoza: Universidad de Zaragoza.

Diez Picazo, L., & Gullón, A. (1998). Sistema de Derecho Civil. Derecho de familia. Derecho de Sucesiones (Séptima ed., Vol. IV). Madrid: Tecnos.

Echecopar García, L. (1999). Derecho de Sucesiones. Lima: Gaceta Jurídica.

Enneccerus, L. (2017). Tratado de Derecho Civil. Tomo V (Vol. I y II). Barcelona: Bosch.

Fernández Arce, C. (2003). Código Civil: Derecho de Sucesiones (Vol. II). Lima: Fondo Editorial PUCP.

Fernández Arce, C. (2014). Manual de Derecho de Sucesión. Lima: Fondo Editorial PUCP.

Ferrero Costa, A. (2012). Tratado de Derecho de Sucesiones. Lima: Gaceta Jurídica.

Fornieles, S. (1950). Tratado de las Sucesiones (Tercera ed., Vol. II). Buenos Aires: Ediar.

Fuente, R. D. (2014). Algunas consideraciones sobre una eventual reforma de las legítimas. A los 30 años del Código Civil peruano. En M. Torres, Estudios críticos sobre el Derecho Civil: análisis crítico y actual de sus bases dogmáticas y de su aplicación práctica (págs. 689-700). Lima: Gaceta Jurídica.

Gallardo, L. P. (2015). Estudios sobre la legítima asistencial. Lima: Fondo Editorial del Colegio de Notarios de Lima.

García Calderón, F. (1879). Diccionario de la legislación peruana. Tomo II (Segunda ed.). Lima, París: Librería de La Roque.

Goyena Copello, H. (1975). Tratado de Derecho de Sucesión III: los efectos de suceder. Buenos Aires: La Ley.

Holgado Valer, E. (1965). Las sucesiones hereditarias en el Código Civil peruano. Cusco: Editorial Garcilaso.

Italiana, P. d. (16 de marzo de 1942). Código Civil. [Decreto Real 262].

Josserand, L. (1950). Derecho Civil (Vol. III). (S. Cunchillos y Manterola, Trad.) Buenos Aires: Bosch.

Juan Pablo II. (22 de Noviembre de 1981). Exhortación Apostólica Familiaris Consortio. Lima: Ediciones Paulinas.

Lafaille, H. (1932). Curso de Derecho Civil (Sucesiones), dictado en la Facultad de Derecho de la Universidad de Buenos Aires. En I. P. Argüello, & P. Frutos. Buenos Aires: Biblioteca Jurídica Argentina.

Lanatta, R. (1978). Derecho de Sucesiones (Vol. II). Lima: Editorial Desarrollo.

Lanatta, R. (1985). Derecho de Sucesiones (Vols. I, II y III). Lima: Editorial Desarrollo.

Lasala, J. L. (1989). Curso de Derecho sucesorio. Buenos Aires: Depalma.

Lohmann, G. (1996). Derecho de Sucesiones. Lima: PUCP.

López y López, Á. (1994). La garantía institucional de la herencia. Derecho Privado y Constitución(3), 29-62.

Maffia, J. (1985). Manual de Derecho sucesorio (Segunda ed.). Buenos Aires: Depalma.

MIMDES. (9 de Septiembre de 2004). Plan Nacional de Apoyo a la Familia 2004-2011. [D.S. 005-2004-MIMDES]. Obtenido de http://bvs.minsa.gob.pe/local/minsa/1289_GOB524.pdf

MIMP. (11 de Marzo de 2016). Plan Nacional de Fortalecimiento a las Familias 2016-2021. [D.S. 003-2016-MIMP]. Obtenido de https://www.mimp.gob.pe/files/planes/PLANFAM-2016-2021.pdf

Ministerio de Gracia y Justicia. (24 de julio de 1889). Código Civil. [Real Decreto]. BOE(206).

Orlandini, O. (2009). La legítima y sus modos de protección (Primera ed.). Buenos Aires: Abeledo-Perrot.

Parlamento de Francia. (21 de marzo de 1804). Código Civil de Francia.

Parra, M. Á. (2009). Legítimas, libertad de testar y transmisión de un patrimonio. Anuario da Facultade de Dereito da Universidade da Coruña (13), 481-554. Obtenido de https://dialnet.unirioja.es/servlet/articulo?codigo=3122639&orden=312215&info=link

Pereña, M. (2010). Supervivencia de legítima tras las adaptaciones del Derecho sucesorio a la sociedad del siglo XXI. En L. Pérez Gallardo, El Derecho de sucesiones en Iberoamérica: Tensiones y retos (págs. 93-118). Buenos Aires: Editorial Temis, Editorial Reus.

Pérez Gallardo, L. (2010). En pos de necesarias reformas al Derecho sucesorio en Iberoamérica. En L. Pérez Gallardo, El Derecho de Sucesiones en Iberoamérica. Tensiones y Retos (págs. 11-92). Bogotá, México D.F., Madrid, Buenos Aires: Temis, UBIJUS, Reus, Zavalía.

Perez Lasala, J. L. (1989). Curso de Derecho sucesorio. Buenos Aires: Depalma.

Planiol, M., & Rippert, G. (1927). Tratado práctico de Derecho Civil francés. (M. Díaz Cruz, & R. Savatier, Trads.) La Habana: Cultural.

Polo, E. M. (2013). Concepto y naturaleza jurídica de la legítima en Derecho sucesorio español. Revista Internacional de Derecho Romano (RIDROM) (10), 331-376. Obtenido de https://dialnet.unirioja.es/servlet/articulo?codigo=4451197

Pontificio Consejo para la Familia. (1983). Carta de los Derechos de la Familia. Lima: Ediciones Paulinas.

Presidente Constitucional de la República de México. (26 de Mayo de 1928). Código Civil para el Distrito Federal. México D.F.: Editorial Sista.

Puig, F. (1974). Tratado de Derecho Civil español. Tomo V (Vol. I). Madrid: Revista de Derecho Privado.

Puig, J. (1979). Fundamentos del Derecho Civil. Tomo V (Vol. II). Barcelona: Bosch.

Revoredo, D. (1980). Proyectos y Anteproyectos de la Reforma del Código Civil (Vol. I). Lima: Fondo Editorial PUCP.

Rubio, M. (2001). Título preliminar. Para leer el Código Civil (Vol. III). Lima: Fondo Editorial PUCP.

Somarriva, M. (1987). Indivisión y partición (Cuarta ed.). Santiago de Chile: Jurídica de Chile.

Suárez, F. (1996). Derecho de Sucesiones (Segunda ed.). Bogotá: Temis.

Tapia, M. (2010). Evolución y perspectivas del Derecho sucesorio chileno. En L. Pérez Gallardo, El Derecho de Sucesiones en Iberoamérica. Tensiones y Retos (págs. 119-140). Buenos Aires, Bogotá, México D.F., Madrid: Zavalia, Temis Ubijus, Reus.

Tribunal Constitucional. (6 de Noviembre de 2007). Sentencia recaída en el Exp. 06572-2006 . Obtenido de https://tc.gob.pe/jurisprudencia/2008/06572-2006-AA.pdf

Valencia, A. (2017). Derecho Civil (Vol. VI). Bogotá: Temis.

Valverde, E. (1951). El Derecho de sucesión en el Código Civil peruano (Vol. I). Lima: Ministerio de Guerra.

Vaz, E. (1992). Tratado de las Sucesiones. Montevideo: Fundación de Cultura Universitaria.

Vidal Ramírez, F. (1986). El testamento como acto jurídico. En Libro Homenaje a Rómulo Lanatta Guillén. Lima: Cultural Cuzco.

Zambrano, V. (1984). Variaciones del Derecho sucesorio en el Código Civil de 1984. Tomos I y II. Tesis para obtener el grado de abogada. Lima: Facultad de Derecho PUCP.

Zannoni, E. (1983). Derecho de las sucesiones (Tercera ed., Vol. II). Buenos Aires: Editorial Astrea.

Anexos

Casación N° 4922-2015-Cusco, Corte Suprema de Justicia de la República, Sala Civil Permanente

CORTE SUPREMA DE JUSTICIA DE LA REPÚBLICA
SALA CIVIL PERMANENTE

SENTENCIA
CAS. N°4922 - 2015
CUSCO

Nulidad de Testamento

> **HERENCIA Y LEGÍTIMA**
>
> *El contenido de la herencia está constituido por los bienes, derechos y obligaciones; y, la legítima constituye la parte de la herencia de la que no puede disponer libremente el testador cuando tiene herederos forzosos. En ese sentido, se aprecia claramente que si bien se tratan de instituciones que guardan relación, resultan diferentes, pues el concepto de herencia es más amplio que el de la legítima.*
>
> ***BASE LEGAL:*** *Artículos 219 numeral 3, y 723 del Código Civil.*

Lima, veinticinco de agosto de dos mil dieciséis.-

LA SALA CIVIL PERMANENTE DE LA CORTE SUPREMA DE JUSTICIA DE LA REPÚBLICA; vista la causa número cuatro mil novecientos veintidós – dos mil dieciséis, en audiencia pública realizada en la fecha y producida la votación correspondiente, emite la siguiente sentencia:

I. MATERIA DEL RECURSO.-

En el presente proceso de nulidad de testamento, la demandada **Juana Ruperta Ccolqque Huacac**, ha interpuesto recurso de casación mediante escrito de fecha nueve de diciembre de dos mil quince, obrante a fojas setecientos treinta y seis, contra la sentencia de vista de fecha tres de noviembre de dos mil quince, obrante a fojas setecientos veinticinco, que revoca la sentencia apelada, que declaró improcedente la demanda y reformándola la declararon fundada en parte.

II. ANTECEDENTES.-

1. DEMANDA

Según escrito de fojas dieciséis, doña Bonifacia Colque Huacac interpone demanda de la nulidad de la cláusula cuarta, contenida en el testamento

CORTE SUPREMA DE JUSTICIA DE LA REPÚBLICA
SALA CIVIL PERMANENTE

SENTENCIA
CAS. N°4922 - 2015
CUSCO

Nulidad de Testamento

otorgado mediante escritura pública, por quien en vida fuera Juan Ccolqque Huañec, por las causales establecidas en los numerales 3 y 7 del artículo 219 del Código Civil.

Señala como fundamentos que la actora y los demandados (a excepción de la demandada Paulina Patilla Colque, quien es su sobrina), son hijos matrimoniales de quienes en vida fueron Juan Ccolqque Huañec y Ceferina Huacac Huanca. El causante, Juan Ccolqque Huañec con fecha trece de noviembre de dos mil siete, fue trasladado desde la localidad de Acos –lugar de residencia- hasta la ciudad del Cusco, en compañía de la hija de la demandante, Magaly Valdeiglesias Colque; sin embargo, en esa misma fecha aparece extendida una escritura pública por su finado progenitor, lo cual resulta imposible, ya que a esa fecha, su padre se encontraba grave de salud y en pleno viaje.

Señala que su hermana, Juana Ruperta Colque Huacac habría procedido a obtener de favor, la formalización de la memoria testamentaria de su padre, dado que esta resulta ampliamente beneficiada con grave perjuicio a los demás herederos, por lo tanto, el acto de disposición es nulo de puro derecho, pues el testador ha dispuesto la totalidad de los bienes sociales adquiridos con la madre de la actora y de los demandados; tal acto está inmerso dentro de las causales de nulidad establecidas en los numerales 3 y 7 del artículo 219 del Código Civil, ya que el testador únicamente podía disponer del cincuenta por ciento (50%) de los bienes sociales más una fracción equivalente a la novena parte (como cónyuge supérstite). Por ello, corresponde declararse la nulidad de la cláusula testamentaria y restituirse el derecho de los sucesores, debiendo verificarse una división y partición que sea equitativa y concluir el evidente beneficio extendido aparentemente a la referida demandada.

Agrega que, existe error en cuanto al nombre de Sabina Colque Huacac pues se considera como Isabel Colque Huacac, asimismo en cuanto al apellido paterno de la actora y de los demandados, no existe uniformidad (Ccolqque, Colqque, Ccolque o Colque), por lo que este aspecto no debe ser tomado en cuenta al momento de sentenciar.

CORTE SUPREMA DE JUSTICIA DE LA REPÚBLICA
SALA CIVIL PERMANENTE

SENTENCIA
CAS. N°4922 - 2015
CUSCO

Nulidad de Testamento

2. CONTESTACIÓN DE LA DEMANDA

Mediante escrito de fojas ciento cuarenta y dos, la demandada Juana Ruperta Ccolqque Huacac contesta la demanda señalando que desconoce que el causante haya tenido residencia permanente en la localidad de Acos y que estaba a cargo de la actora, siendo que ella no ha intervenido en la realización o formalización de ninguna memoria testamentaria. Considera que la actora reclama también su legítima respecto de la madre, situación inadmisible pues no ha adjuntado título alguno que acredite la calidad de heredera de su progenitora, debiendo además, tener presente que en el testamento cuestionado figura como madre de la actora y cónyuge del testador, la persona Ceferina Huacac Huanca, nombre que difiere de la madre de la demandada que es Ceferina Huacac Accoshuanca, conforme a la partida de defunción que se anexa. Señala también, que no es cierto que por el acto de disposición que contiene el testamento exceda el límite de libre disposición, éste sea nulo. Asimismo, indica que a la fecha los herederos se encuentran en plena posesión de los bienes distribuidos. También manifiesta que en el presente caso no se encuentra una causal para declarar nulo el testamento, dado que el artículo 807 del Código Civil sólo franquea la nulidad parcial.

3. REBELDIA

Mediante Resolución de fecha cinco de agosto dos mil once, obrante a fojas ciento treinta y dos, se declaró rebeldes a los codemandados Jesus Ccolque Huacac, Juan Climaco Colque Huacac, Sabina Ccolque Huacac y Francisca Colque Huacac.

4. SENTENCIA DE PRIMERA INSTANCIA

Luego del trámite procesal correspondiente, el señor juez del Juzgado Mixto, Penal Liquidador y Unipersonal de la Provincia de Acomayo de la Corte Superior de Justicia del Cusco, mediante resolución de fecha veintitrés de enero de dos

CORTE SUPREMA DE JUSTICIA DE LA REPÚBLICA
SALA CIVIL PERMANENTE

SENTENCIA
CAS. N°4922 - 2015
CUSCO

Nulidad de Testamento

mil catorce, obrante a fojas quinientos tres, emitió sentencia declarando improcedente la demanda, tras considerar que desde el momento en que se produjo el fallecimiento de Ceferina Huacac Accoshuanca, esto es, el nueve de junio de dos mil uno, los bienes, derechos y obligaciones que constituían su herencia se transmitieron a sus herederos legales, por imperio de la ley, entonces, el contenido de la cláusula de disposición de bienes patrimoniales efectuado por el testador debe ser entendido como la disposición de la parte de sus bienes que por ley le correspondía más la novena parte que como cónyuge supérstite tenía en cada uno de ellos; por tanto, el argumento de que el testador ha dispuesto bienes que no le correspondían no es correcto. Asimismo, no puede concluirse que ha habido una indebida distribución de los bienes, pues en el proceso no se han aportado medios probatorios que hagan concluir que se ha efectuado una distribución desproporcionada. En conclusión, la traslación de la propiedad de los bienes efectuada por el testador, debe ser entendida en proporción al cincuenta por ciento (50%) mas la novena parte en su condición de cónyuge supersite, y estando a que los bienes patrimoniales al momento de la apertura de la sucesión existían, cumplen con el requisito de la posibilidad física, tanto más si la demandada señaló que los bienes dejados en testamento actualmente se encuentran en posesión de los herederos. Además, la indebida desproporción en la distribución de la masa hereditaria no está sancionada con nulidad expresa por el Código Civil, pero si comporta la causal de caducidad de las disposiciones testamentarias, prevista en el artículo 807 del acotado código, que regula la reducción de las disposiciones testamentarias que menoscaben la legítima.

5. <u>SENTENCIA DE SEGUNDA INSTANCIA</u>

La Sala Civil de la Corte Superior de Justicia de Cusco, mediante resolución de fecha tres de noviembre de dos mil quince, obrante a fojas setecientos veinticinco, revoca la sentencia apelada y reformándola la declararon fundada en parte; y declara nula la cuarta cláusula testamentaria contenida en el testamento

CORTE SUPREMA DE JUSTICIA DE LA REPÚBLICA
SALA CIVIL PERMANENTE

SENTENCIA
CAS. N°4922 - 2015
CUSCO

Nulidad de Testamento

de escritura pública otorgada por quien en vida fuera Juan Ccolqque Huañec de fecha trece de noviembre de dos mil siete, dejándose sin efecto la distribución de bienes realizada en dicha cláusula por el testador, a fin de que en ejecución se sentencia, se realice una nueva distribución. Argumenta que en la cláusula tercera del testamento, el testador declara que los bienes patrimoniales que detalla fueron adquiridos por su persona y su difunta esposa Ceferina Huacac; entonces estos bienes fueron adquiridos por la sociedad conyugal, y al haber dispuesto de la totalidad de los bienes –pese a la precisión que el mismo hizo- ha incurrido en la infracción prevista en el numeral 3 del artículo 219 del Código Civil, pues el objeto del testamento fue jurídicamente imposible, al haber distribuido la herencia transgrediendo la legítima y en forma inequitativa en perjuicio de los herederos. Asimismo, se debe interpretar que la voluntad del testador fue la de mejorar la herencia de su hija Juana Ruperta Colque Huacac, por lo que en ejecución de sentencia se tendrá que determinar si los bienes detallados en la cláusula cuarta del testamento equivale al dieciocho punto cincuenta y dos por ciento (18.52%) -esto sin incluir el porcentaje de cinco punto cincuenta y seis por ciento (5.56%) que como heredera de su madre, le corresponde previa a la facción del testamento- y en el supuesto de que los bienes exceden ese porcentaje se proceda a distribuir de forma equitativa el excedente entre los demás herederos para que estos excluyan a la referida demandada. En cuanto a la causal invocada en el numeral 7 del artículo 219 del Código Civil, no es de aplicación al caso de autos, pues para el supuesto postulado en la demanda, no existe disposición legal o textual expresa que haga referencia a la nulidad, por lo que, no se configura la pretensión por esta causal.

III. <u>RECURSO DE CASACIÓN</u>.-

Contra la mencionada sentencia de vista emitida por la Sala Superior, la parte demandada interpone recurso de casación, el cual ha sido declarado procedente por este Supremo Tribunal, mediante resolución de fecha seis de abril de dos mil

CORTE SUPREMA DE JUSTICIA DE LA REPÚBLICA
SALA CIVIL PERMANENTE

SENTENCIA
CAS. N° 4922 - 2015
CUSCO

Nulidad de Testamento

dieciséis declaró la procedencia del referido recurso por las causales de: **infracción normativa de los artículos 219 numeral 3, y 723 del Código Civil; e infracción normativa del artículo 139 numerales 3 y 5 de la Constitución Política del Estado.**

IV. MATERIA JURÍDICA EN DEBATE.-

La materia jurídica en discusión se centra en determinar si corresponde declarar la nulidad de la cláusula cuarta del testamento por escritura pública otorgado por quien en vida fuera Juan Ccolqque Huañec.

V. FUNDAMENTOS DE ESTA SALA SUPREMA

PRIMERO.- Corresponde mencionar, de manera preliminar, que la función nomofiláctica del recurso de casación garantiza que los Tribunales Supremos sean los encargados de salvaguardar el respeto del órgano jurisdiccional al derecho objetivo, evitando así cualquier tipo de afectación a normas jurídicas materiales y procesales, procurando, conforme menciona el artículo 384 del Código Procesal Civil, modificado por la Ley N° 293 64, la adecuada aplicación del derecho objetivo al caso concreto.

SEGUNDO.- Según se advierte del auto calificatorio de fecha seis de abril de dos mil dieciséis, este Supremo Tribunal ha declarado procedente el recurso interpuesto por diversas causales, las cuales deben ser analizadas de acuerdo a su naturaleza; y ante la concurrencia de infracciones normativas de orden procesal y material, por estricto lógico, corresponde emitir pronunciamiento, en primer término, respecto a las primeras, toda vez que, de advertirse la existencia de algún defecto de orden procesal, el reenvío tendrá efectos subsanatorios, por tanto, no será posible emitir pronunciamiento respecto a las infracciones normativas de orden material denunciadas. En caso se desestimen las

CORTE SUPREMA DE JUSTICIA DE LA REPÚBLICA
SALA CIVIL PERMANENTE

SENTENCIA
CAS. N° 4922 - 2015
CUSCO

Nulidad de Testamento

infracciones normativas procesales, se procederá a emitir pronunciamiento respecto a las infracciones normativas materiales. En dicho supuesto, este Supremo Tribunal se encontrará legalmente facultado para realizar un análisis respecto a la pretensión postulada y a los juicios de valor emitidos, tanto por el *a quo* como por el *ad quem* en cuanto al fondo de la materia controvertida, sin desconocer los fines del recurso de casación ni los fundamentos del recurso extraordinario.

TERCERO.- En primer término, se ha declarado la procedencia por infracción normativa de las siguientes normas:

Artículo 139 numerales 3 y 5 de la Constitución Política del Estado, que prescribe:

> *Son principios y derechos de la función jurisdiccional: 3. La observancia del debido proceso y la tutela jurisdiccional. (...) 5. La motivación escrita de las resoluciones judiciales en todas las instancias, excepto los decretos de mero trámite, con mención expresa de la ley aplicable y de los fundamentos de hecho en que se sustentan. (...)*

CUARTO.- En principio, debemos señalar que el debido proceso es un derecho complejo, conformado por un conjunto de derechos esenciales que impiden que la libertad y los derechos de los individuos sucumban ante la ausencia o insuficiencia de un proceso o procedimiento, o se vean afectados por cualquier sujeto de derecho –incluyendo el Estado- que pretenda hacer uso abusivo de éstos. Como señala la doctrina procesal y constitucional, "*por su naturaleza misma, se trata de un derecho muy complejamente estructurado, que a la vez está conformado por un numeroso grupo de pequeños derechos que constituyen sus componentes o elementos integradores, y que se refieren a las estructuras, características del Tribunal o instancias de decisión, al procedimiento que debe*

CORTE SUPREMA DE JUSTICIA DE LA REPÚBLICA
SALA CIVIL PERMANENTE

SENTENCIA
CAS. N°4922 - 2015
CUSCO

Nulidad de Testamento

seguirse y a sus principios orientadores, y a las garantías con que debe contar la defensa"[1].

QUINTO.- En ese contexto, la vulneración del debido proceso se configura entre otros supuestos, en los casos en los que en el desarrollo del proceso, no se han respetado los derechos procesales de las partes, se han obviado o alterado actos de procedimiento o si la tutela jurisdiccional no ha sido efectiva y/o se deja de motivar las decisiones o se realiza en forma incoherente, en clara transgresión de la normatividad vigente y de los estadios superlativos del procedimiento.

SEXTO.- Es necesario destacar que el principio denominado de los fallos judiciales, constituye un valor jurídico que rebasa el interés de los justiciables por cuanto se fundamenta en principios de orden jurídico, pues la declaración del derecho en un caso concreto, es una facultad del juzgador que por imperio del artículo 138 de la Constitución Política del Estado, impone una exigencia social de que la comunidad sienta como un valor jurídico, denominado, fundamentación o motivación de la sentencia; el mismo que se encuentra consagrado en el artículo 139 numeral 5 de la Constitución Política del Estado, concordante con el numeral 3 del artículo 122 del Código Procesal Civil.

SÉTIMO.- En el caso de autos, si bien se ha declarado la procedencia excepcional por la causal de **infracción normativa del artículo 139 numerales 3 y 5 de la Constitución Política del Estado;** sin embargo, se aprecia de autos que la Sala Superior ha empleado en forma suficiente los fundamentos que le han servido de base para adoptar determinada posición, los mismos que resultan congruentes a la pretensión y los hechos establecidos en autos; toda vez que, ha establecido que al haberse verificado que el causante dispuso vía testamento de los bienes que correspondían a la sociedad conyugal, este acto jurídico deviene

---

[1] FAÚNDEZ LEDESMA, Héctor. "El Derecho a un Juicio Justo". En: Las garantías del debido proceso (Materiales de Enseñanza). Lima: Instituto de Estudios Internacionales de la Pontificia Universidad Católica del Perú y Embajada Real de los Países Bajos, p. 17.

CORTE SUPREMA DE JUSTICIA DE LA REPÚBLICA
SALA CIVIL PERMANENTE

SENTENCIA
CAS. N°4922 - 2015
CUSCO

Nulidad de Testamento

en nulo por resultar un imposible jurídico; argumentos que además no pueden analizarse a través de una causal *in procedendo,* sino que serán analizadas a través de las causales materiales; consideraciones por las cuales las referida causal resulta ***infundada***. *Máxime* si de la revisión del trámite del proceso no se evidencia afectación alguna al mismo, o al derecho de defensa de alguna de las partes.

OCTAVO.- En cuanto a las causales materiales, tenemos que se denuncia la **infracción del artículo 219 numeral 3 del Código Civil y del artículo 723 del Código Civil,** por cuanto la instancia de mérito sostiene que la cuarta cláusula testamentaria es nula, por ser un imposible jurídico, al ser contraria a Ley y al orden público; aplicando el artículo 723 del Código Civil que regula la legítima y la porción disponible, confundiendo la legítima y la herencia, por lo tanto incurre en interpretación incorrecta de dicho artículo. Precisa que, dichos conceptos no deben confundirse por cuanto el causante no siempre está impedido de disponer libremente la legítima, aunque tenga herederos forzosos, la legítima es una parte del patrimonio del causante, no del testador, porque también se aplica como criterio regulador aunque haya sucesión intestada y se calcula sobre la base de un patrimonio ideal o ficticio, pudiendo el causante o incluso terceros, la legítima de diversas maneras. Indica que, la legítima tampoco es restricción de disponibilidad testamentaria de la herencia o de bienes, cuando el testador tiene herederos forzosos descendientes o ascendientes, o cónyuges; pues los artículos 724 y siguientes del Código Civil identifican la legítima como un porcentaje de los bienes de la herencia. Acota que la legítima no es una cuota aritmética del patrimonio hereditario que aparezca a la muerte del causante como conjunto de activo y pasivo que deje, sino una participación en valor del neto (activo menos pasivo) más ciertas liberalidades, pues el testador pudo haber realizado en vida o con disposiciones testamentarias las atribuciones patrimoniales que hubiera deseado, como ha ocurrido en el caso de autos; en cuanto se excedan de dicha porción, dichas atribuciones están expuestas a la reducción o supresión, no significa una invalidez o ineficacia, sino en cuanto

CORTE SUPREMA DE JUSTICIA DE LA REPÚBLICA
SALA CIVIL PERMANENTE

SENTENCIA
CAS. N°4922 - 2015
CUSCO

Nulidad de Testamento

puedan afectar el derecho de uno o más legitimarios a instancia de parte puede solicitar la reducción o supresión para cubrir la legítima del legitimario afectado, siendo esta la correcta interpretación del artículo 723 del Código Civil.

NOVENO.- Al respecto debemos señalar, que de conformidad con el artículo 660 del Código Civil, el contenido de la herencia está constituido por los bienes, derechos y obligaciones; en ese sentido se podría decir que a raíz de la herencia un sucesor, el heredero, se sustituye en las posiciones jurídicas activas y pasivas del causante, asumiendo el universo de tales posiciones jurídicas, sea en el todo o en una porción alícuota, esto de conformidad con el artículo 735 Código Civil. Por otro lado, la legítima constituye la parte de la herencia de la que no puede disponer libremente el testador cuando tiene herederos forzosos, ello acorde a lo establecido en el artículo 723 del Código Civil. En ese sentido, se aprecia claramente que si bien se tratan de instituciones que guardan relación, resultan diferentes, pues el concepto de herencia es más amplio que el de la legítima.

DÉCIMO.- De la revisión del recurso, se aprecia que la recurrente a través de la infracción denunciada considera que la sala de mérito confunde los conceptos de herencia y legítima, lo cual no resulta correcto; pues, de la revisión de la sentencia de vista, se aprecia que el Colegiado Superior al efectuar el análisis respecto a la nulidad del testamento, en el punto 3.3. de la sentencia, analiza las normas que regulan la legítima y su libre disposición, lo que lleva a concluir que *el testador y progenitor de los sujetos procesales sólo podía disponer libremente del tercio de sus bienes, debiendo respetar la legítima restante*; argumento que resulta congruente con lo establecido en las normas del Código Civil, que señala, que el contenido de la legítima está dado por una parte de la herencia (artículo 723 del Código Civil), o por una parte de los bienes que conforman el activo de la misma (artículos 725, 726 y 727 del Código Civil).

UNDÉCIMO.- Ahora, se aprecia que la parte demandante considera que la confusión se da a partir de que la Sala Superior solo toma en consideración los

CORTE SUPREMA DE JUSTICIA DE LA REPÚBLICA
SALA CIVIL PERMANENTE

SENTENCIA
CAS. N°4922 - 2015
CUSCO

Nulidad de Testamento

bienes patrimoniales señalados en el testamento y no las liberalidades, dando a entender que el causante pudo haber realizado en vida o con disposiciones testamentarias, atribuciones patrimoniales; argumento que recién es invocado en esta instancia casatoria; en ese sentido, al encontrarse restringida la actuación en sede casatoria, a cuestiones de *iure*, no resulta congruente analizar dicho argumento, *máxime* si ello no ha sido materia del debate y contradictorio en el proceso.

DUODÉCIMO.- A ello se debe agregar, que si bien dentro del concepto de la legítima se comprende al valor de todo el activo transmitido, menos el valor de todo el pasivo transmitido y cargas de la herencia, más el valor de las donaciones (*relictum mas donatum*); sin embargo, a lo largo del proceso no se adjunta medio probatorio alguno que demuestre que el causante ha efectuado, en vida o mediante otras disposiciones testamentarias, disposición de sus bienes que puedan considerarse anticipo de herencia.

DÉCIMO TERCERO.- Ahora, en cuanto a la nulidad de la cuarta cláusula testamentaria contenida en el testamento por escritura pública otorgado por quien en vida fuera Juan Ccolqque Huañec de fecha trece de noviembre de dos mil siete; conforme lo han dejado establecido las instancias de mérito, el testador -en la cláusula tercera- declara que los quince bienes inmuebles fueron adquiridos por su persona y su difunta esposa; sin embargo, en la cláusula cuarta, dispone de la totalidad de los mismos, cuando solo le correspondía disponer del cincuenta por ciento (50%) más la novena parte; y es, por ello, que al haber dispuesto de todos los bienes se incurre en la causal contenida en el numeral 3 del artículo 219 del Código Civil; por cuanto el objeto del testamento resulta jurídicamente imposible. Y, si bien, se señala que ello habría transgredido la legítima, ello debe entenderse en la medida que se han comprendido en esta, bienes que no pertenecían al testador y que por el contrario, a partir de la muerte la cónyuge Ceferina Huacac ya habían sido transmitidos a sus herederos en el porcentaje que la Ley establece.

CORTE SUPREMA DE JUSTICIA DE LA REPÚBLICA
SALA CIVIL PERMANENTE

SENTENCIA
CAS. N°4922 - 2015
CUSCO

Nulidad de Testamento

DÉCIMO CUARTO.- Asimismo, cabe señalar que si bien el artículo 807 del Código Civil contempla una posibilidad para la reducción de las disposiciones testamentarias, estableciendo "*Las disposiciones testamentarias que menoscaban la legítima de los herederos, se reducirán, a petición de éstos, en lo que fueren excesivas*"; norma que contiene "*una pretensión bifocal (...) que persigue el incremento de la cuota asignada hasta lo que por legítima corresponda y, por efecto natural, la reducción de lo atribuido a otro u otros o que, sin estar atribuido a nadie en especial, lesiona la legítima (por ejemplo, una condición)*"[2]. Sin embargo, dicha norma solo resulta aplicable para la reducción de las disposiciones excesivas, las que, se entienden deben haber sido válidamente otorgadas, no como en el presente caso, donde el testador ha dejado como herencia bienes que solo en un cincuenta y cinco punto cincuenta y seis por ciento (55.56%) le pertenecían; pues lo contrario, generaría otorgar validez a actos jurídicos que se encuentran incursos en causales de nulidad.

DÉCIMO QUINTO.- En consecuencia, al haberse determinado que la cláusula cuarta del testamento otorgado por Juan Ccolqque Huañec se encuentra incursa en causal de nulidad, corresponde dejarse sin efecto la distribución efectuada; y teniendo en consideración que la demanda contiene el pedido de restitución del derecho de los sucesores; debe ordenarse la distribución equitativa, conforme lo ha establecido la instancia de mérito; deviniendo en infundada la causal denunciada.

VI. DECISIÓN.-

En base a las consideraciones expuestas, esta Sala Suprema, en aplicación de lo señalado en el artículo 396 del Código Procesal Civil:

a) Declararon **INFUNDADO** el recurso de casación interpuesto por la demandada **Juana Ruperta Ccolqque Huacac**, de fecha nueve de

---

[2] LEDESMA NARVÁEZ, Marianella. *Comentarios al Código Procesal Civil*. Lima: Gaceta Jurídica, 2011, p. 512.

CORTE SUPREMA DE JUSTICIA DE LA REPÚBLICA
SALA CIVIL PERMANENTE

SENTENCIA
CAS. N°4922 - 2015
CUSCO

Nulidad de Testamento

diciembre de dos mil quince, obrante a fojas setecientos treinta y seis; en consecuencia, **NO CASARON** la sentencia de vista de fecha tres de noviembre de dos mil quince, obrante a fojas setecientos veinticinco.

b) **DISPUSIERON** la publicación de la presente resolución en el diario oficial "El Peruano", bajo responsabilidad y los devolvieron; en los seguidos por Bonifacia Colque Huacac, sobre nulidad de testamento. Intervino como ponente, la señora Juez Supremo **Rodríguez Chávez.-**

SS.

TELLO GILARDI

DEL CARPIO RODRÍGUEZ

RODRÍGUEZ CHÁVEZ

CALDERÓN PUERTAS

DE LA BARRA BARRERA

rllc/drp